数字技术对商贸流通业
高质量发展的影响研究

SHUZI JISHU DUI SHANGMAO LIUTONGYE
GAOZHILIANG FAZHAN DE YINGXIANG YANJIU

杨海丽　向能　邱韵桦　罗越月著

西南财经大学出版社
Southwestern University of Finance & Economics Press
中国·成都

图书在版编目（CIP）数据

数字技术对商贸流通业高质量发展的影响研究/杨海丽等著.—成都:西南财经大学出版社,2022.7

ISBN 978-7-5504-5355-5

Ⅰ.①数…　Ⅱ.①杨…　Ⅲ.①数字技术—影响—商品流通—产业发展—研究—中国　Ⅳ.①F724

中国版本图书馆 CIP 数据核字（2022）第 106894 号

数字技术对商贸流通业高质量发展的影响研究

杨海丽　向　能　邱韵桦　罗越月　著

责任编辑:李晓嵩

责任校对:杜显钰

封面设计:何东琳设计工作室

责任印制:朱曼丽

出版发行	西南财经大学出版社(四川省成都市光华村街55号)
网　　址	http://cbs.swufe.edu.cn
电子邮件	bookcj@swufe.edu.cn
邮政编码	610074
电　　话	028-87353785
照　　排	四川胜翔数码印务设计有限公司
印　　刷	四川五洲彩印有限责任公司
成品尺寸	170mm×240mm
印　　张	11.75
字　　数	221 千字
版　　次	2022 年 7 月第 1 版
印　　次	2022 年 7 月第 1 次印刷
书　　号	ISBN 978-7-5504-5355-5
定　　价	98.00 元

前言

《中国互联网发展报告（2021）》指出，2020 年，中国数字经济总规模实现了 39.2 万亿元的目标，占国内生产总值（gross domestic product，GDP）的 38.6%，保持了 9.7% 的增长率，成为经济增长与发展的主要动力。中国数字产业规模达到了 7.5 万亿元，不断催生了新产业、新业态、新模式，数字产业加速中国迈向高端产业链的步伐，产业数字化的规模达到了 31.7 万亿元，三次产业数字化水平不断提升，同时也带来了巨大的就业市场。

中国数字技术所代表的成果向世界展示了科技引领产业发展的魅力，数字技术在生产、消费、支付等方面的广泛应用，实现了跨越代际的飞速发展。尤其值得关注的是，移动支付在全国各个级别的城市、乡镇和偏远的农村基本完成全覆盖，一部手机可以实现吃喝玩乐和完成基本的工作。数字技术促进了人类文明的发展，改变了人类的生产生活方式。

中国数字技术对产业创新发展的驱动在全世界范围内具有代表意义和推广价值。在全球经济快速发展的过程中，中国数字经济取得了耀眼的成绩。没有数字技术时，医院排长队挂号、火车站彻夜排队买票、缴纳水电费需要乘坐公共交通去固定缴费网点，费时费力，网上购物的支付和物流也需要烦琐的手续。数字时代的到来使数字技术在各领域的应用不断深入，支付、教育、服务、医疗等民生基本实现了线上到线下（online to offline，O2O）模式，催生了各种各样新的商业形态，数字技术提高了信息交互效率。数字技术给世界带来的变化才刚刚开始，如数字技术赋能医疗，将会在未来给更多患者带来更加高质量的便捷服务；

数字赋能制造业，将会彻底重构第二产业的价值链，为大规模定制生产奠定基础；数字经济启动了共享经济，助力共享经济不断完善、提质和增效。此外，数字经济可以将所有权和使用权通过平台交易完成全部分离；可以将衣服、鞋帽、汽车、房屋等资源通过平台实现全球分享；可以将美食、育儿、教育等资源通过平台实现全球互联互通和快速分享。总之，数字技术从整体上有助于实现资源最优化和高效配置。

数字技术赋能经济发展，重构了社会信任。数字技术的低成本、记录准确、实时查询为社会构建了一套好用、方便且高效的数字信用体系，为各产业快速转型升级提供了基础保障。数字信用体系的构建和完善，进一步为产业发展提供了远程高效的商流保障。无论何时，无论地处何方，人们都可以通过互联网及移动互联网与客户进行对接交流，移动会议室的普及和云商务的不断完善为商务远程化提供了技术支持和工作条件保障。数字信用体系的构建，为线上消费提供了支付保障。数字信用的深化拓展了各类交易的深度和广度，解除了消费者线上消费的后顾之忧。数字信用体系和现代金融体系的建立，为城乡协同发展提供了同等的金融支持机会。

数字技术时代的到来，提升了互联网及移动互联网的发展质量，改进了粗放增长的互联网企业生态，去中心化的趋势使数字基础设施建设成为最迫切的任务，从而推动数字产业的快速发展。例如，在内容产业的发展方面，中国是全球的中心和引领者，也是价值增长最高的国家。数字技术从根本上提高了内容创作和价值体现的双重收益。

数字技术与三次产业深度融合是未来的重要发展趋势。产业发展是经济发展的根本，数字技术依靠信息优势、计算优势、高统计功能等与产业融合，提升产业发展的质量，如数字技术与农业的融合，出现了"智能播种""智慧农业管家""数控农机设备""特产直播带货"等形式；大数据、互联网、物联网等新的数字技术与农业的深度融合，实现农业产业链的高效能，成为刺激农业产业链转型升级的新动能，促进农业高质量发展。数字技术赋能制造业是未来最值得期待的变化和创新之一，通过各类数字技术改进生产流程、原材料采购流程、产品销售流程等，实现全程可视化、全程高效率等。

数字技术与商贸流通业的融合发展，从商贸流通规模、结构、模式、人才、业态等多方面全方位改进升级，出现了数字零售、数字旅游、数字消费等新的流通形式，提高了流通效率，让流通业全面克服地域障碍、城乡障碍，获得了空前的发展和质量的提升。

本书主要包括十章内容，从不同维度研究数字技术对商贸流通业高质量发展的影响。

第一章数字技术、数字经济与商贸流通业高质量发展，主要从整体上研究数字技术、数字经济的基本特征，数字技术对经济各方面产生的影响，包括数字技术成为经济增长的主要推动力、数字技术促进经济高质量发展、数字技术促进供给侧结构性改革以及数字技术促进就业并增加社会福利等。

第二章数字技术驱动商贸流通业高质量发展的文献综述，从商贸流通业高质量发展出发，运用文献研究的方法，一是研究了驱动商贸流通业高质量发展的非数字因素，如交通、通信、城镇化、技术创新、消费升级、政府支持、产业标准化与人才市场等因素；二是研究了驱动商贸流通业高质量发展的数字因素，如数字技术对商贸流通业商业模式创新的影响、数字技术催生了商贸流通业新业态、数字技术提升商贸流通业的创新动力等。同时，本章提出了数字技术驱动商贸流通业高质量发展的动力机制与实现路径。

第三章和第四章运用 CiteSpace 软件对数字技术驱动商贸流通业高质量发展和商贸流通业数字化转型进行了文献计量，作为本书研究的基础。其中，商贸流通业数字化转型对 206 篇中国知网（CNKI）数据库文献和 93 篇外文文献（web of science，WOS）数据库文献进行文献计量。研究表明，第一，该领域将继续细分与转移，特别是"新零售""数字物流""智慧会展"三个主题的研究数量将增加；第二，学者、机构与国家之间的合作研究较为松散，有待加强；第三，商贸流通业数字化转型的先导机制、创新机制、动力机制以及管理机制等是研究的热点话题。第三章和第四章对数字技术驱动商贸流通业高质量发展的路径进行了两个数据库的计量研究，通过 CiteSpace 软件对 CNKI 数据库中的 1 499 篇中文文献和 WOS 数据库中的 922 篇英文文献进行可视化分析。

研究发现，数字技术驱动商贸流通业高质量发展的理论研究热点有数字技术对零售业质量提升的作用、电子商务与直播经济、数字技术促进新业态的出现、智能化对服务新功能的改进以及数字技术与消费者行为的关系等，中外学者研究的侧重点有明显差异。未来的研究趋势包括数字技术实际应用、产业数字化转型升级、农产品跨境电子商务、互联网金融下乡以及数字型人才培养等。

第五章数字技术、数字化与商贸流通业高质量发展的指标体系构建与评价，基于中国省级面板数据，构建科学合理、符合实际的数字技术发展水平、商贸流通业高质量发展水平和数字化水平的综合评价指标体系，并采用熵权指数法测算了数字技术发展水平和商贸流通业高质量发展水平，采用变异系数法测算了数字化水平，为本书后面各章节的实证分析奠定了坚实的基础。研究表明，我国数字技术水平、数字化水平和商贸流通业高质量发展水平的区域发展差距较大，发展不平衡不充分的矛盾仍然较为突出。

第六章数字技术对商贸流通业高质量发展的影响——基于省级面板数据与空间杜宾模型的验证，基于"双循环"新发展格局，以2010—2019年30个省（自治区、直辖市）面板数据为样本，实证检验了数字技术水平对商贸流通业高质量发展的影响及内在机理。本章运用熵权指数法和Stata16软件研究发现，数字技术水平和商贸流通业高质量发展水平在空间上并非随机分布，而是呈现"高高集聚"和"低低集聚"的特征；数字技术的发展不仅有利于推动本地商贸流通业高质量发展，而且对邻近地区商贸流通业的发展也会产生显著的正向溢出效应。数字技术与商贸流通业的融合发展有利于推动传统商贸流通业转型升级、构建现代化商贸流通体系和促进构建"双循环"新发展格局。

第七章数字技术驱动商贸流通业高质量发展的实证研究——基于30个省份的消费渠道中介效应检验，基于30个省份2013—2019年的数字技术水平指数和商贸流通业高质量发展水平指数（数字技术水平与商贸流通业高质量发展水平均通过测算），采用依次回归法分析数字技术对商贸流通业的作用机制及消费渠道在两者之间的中介效应，并基于异质性视角，分析东、中、西部地区的整体效应和中介效应。研究表明：第一，数字技术显著促进商贸流通业发展，中部地区影响系数最大；第二，消费渠道在数字技术与商贸流通业之间始终显著存在部分中介效应，西部地区中介效应占总效应的比重最高。研究结论对认识数字技术驱动商贸流通业高质量发展的影响及消费渠道效应具有一定的价值。本章提出政策建议如下：加大政策支持力度，加快发展数字经济；促进产业协同发展，助推消费渠道多元化，实现商贸流通业高质量发展；加强西部地区数字基础设施建设，促进西部地区现代商贸流通体系的形成。

第八章数字化对商贸流通业高质量发展的影响研究——基于民营经济调节效应的研究，构建数字化和商贸流通业高质量发展的综合指标评价体系，并采用变异系数法测算两者的综合水平，同时引入民营经济作为调节变量，运用调节效应模型实证检验数字化对商贸流通业高质量发展的影响。研究表明：数字化对商贸流通业高质量发展有显著的促进作用；民营经济在此过程中有正向调节作用；从数字化各维度看，民营经济除了对数字素养水平与商贸流通业高质量发展的调节作用未通过检验外，数字基础设施、数字应用水平和数字经济水平均对商贸流通业高质量发展起着促进作用，民营经济具有明显的调节效应。本章以此为基础提出相应的政策建议。

第九章数字化、制度环境与商贸流通业高质量发展——基于中国省级面板数据的门槛回归分析，根据2013—2019年中国省级面板数据，构建了以制度环境为门槛变量的门槛效应模型，实证分析数字化对商贸流通业高质量发展的作用机理。研究表明：在不考虑制度环境的情况下，数字化对商贸流通业高质量发展有正向促进作用；在考虑制度环境的情况下，数字化对商贸流通业高质量发展具有单一门槛效应。当制度环境不完善时，数字化对商贸流通业高质量发展的正向促进作用较小；当制度环境跨越一定门槛值之后，数字化对商贸流通业高质量发展的促进效果将得到跃升。

第十章省会城市商贸流通业发展的空间溢出效应——基于198个城市零售企业数据的验证，运用零售企业2005—2019年的投入和产出经济指标，衡量省会城市与周边城市商贸流通业的发展水平。本章运用份额移动法构造出 Bartik 工具变量来解决面板回归模型中的内生性问题。研究表明，省会城市商贸流通业的发展水平每提高 1 个百分点，促使非省会城市商贸流通业的发展水平提高 0.38~0.48 个百分点。但是，IV 回归结果表明，周边城市行业的发展对省会城市行业的发展具有明显的反向因果关系。在异质性分析中，地理距离也会显著影响空间溢出效应。省会城市的首位度对商贸流通业的溢出效应有明显作用。本章提出政策建议如下：提高省会城市首位度，做大做强省会城市，发挥省会城市商贸流通业的带动作用；促进省会城市与周边城市商贸流通业的协调发展；加强省会城市与偏远城市之间商贸流通业的合作。

数字技术对商贸流通业的影响是一个动态问题，时期不同，条件不同，影响不同，本书从空间效应、中介效应、调节效应、门槛效应等方面展开研究，表明数字技术对商贸流通业的影响是现实的，也是明显的。本书研究了省会城市商贸流通业的空间效应，解释了省会城市优越的技术、经营、人才条件。商贸流通业的发展对周边城市的作用表现如下：在数字技术发达的地区，省会城市商贸流通业的发展对周边地区是溢出效应，带动了周边城市商贸流通业的发展；在数字技术水平较低的地区，省会城市对周边城市商贸流通业的发展更多是虹吸效应。提高省会城市的首位度和数字技术水平，对各大城市商贸流通业空间均衡发展具有现实意义。由于时间不足和研究能力有限，本书关于省会城市的数字技术水平对商贸流通业的空间效应的研究不足，未来将进一步深入研究。

杨海丽

2022 年 1 月

目录

第一章 数字技术、数字经济与商贸流通业高质量发展

数字技术包括移动互联网、云计算、大数据和第五代移动通信技术（5G）等新一代常用技术。数字技术与各产业的融合发展，成为经济社会发展的主要增长动力，对经济社会各层面产生了深远影响。2018 年以来，中国数字技术及其应用得到了充分发展，主要原因是"互联网+"行动计划助推了数字技术与传统产业和行业的多层次融合与创新经营。统计数据显示，2016 年中国数字技术带来的经济增长率为 62%，带动的经济增长达到了 22.77 万亿元；2019年，这一规模达到了 35.8 万亿元，占 GDP 的 36.2%；2020 年，这一规模达到39.2 万亿元，数字技术已经成为助推和拉动经济增长的关键要素，成为经济转型升级和绿色发展的主要动力。

从历史发展的视角来看，人类技术进步和创新与各类危机的突破相伴相生。新冠肺炎疫情在一定程度上助推了 5G、物联网和人工智能等新技术与生产、流通以及消费各个环节的高度融合，数字技术为经济的高质量发展提供了更多的支持。从经济发展的视角来看，技术创新与发展降低了经济发展的成本，有助于实现全社会的快速发展与高速融合。然而技术普及的过程，往往伴随着成本与费用的上升，因此技术创新给经济带来的影响是复杂的，不能单单从成本效率的方面来理解。数字技术给企业、行业、产业以及经济整体带来的影响是立体的，也会产生外溢效应，从而对社会分工、市场结构、就业和分配等产生深远影响。数字技术对社会福利也产生了明显影响，尤其是通用技术（如移动互联网、云计算、大数据等）对人类文明有明显的带动与促进作用，具有明显的外部溢出效应，增加了社会总福利。

科技进步是否改变了生产力的统计指标呢？直观来看，科技进步提高了生产力的相关统计指标。从世界各国的生产力统计数据来看，科技进步对生产力的贡献不但没有增加，在某些年份，反而有下降的表现和趋势。在生产和生活中，科技进步的功能和作用似乎很大，给每个人的生产和生活带来了显著的影响，但在统计数据上并没有明显的表现。

科技进步是否优化了社会分配呢？从理论和逻辑的角度分析，科技进步可

以提高社会分配的公平度，托马斯·皮凯蒂在《21世纪资本论》中研究科技进步与贫富差距的关系。30多年前索洛提出索洛悖论后，尽管技术进步速度惊人，但是并非所有的技术都能给人类带来平均的收益。事实上，科技进步也在一定程度破坏了社会分配的公平度，拉大了人均收入差距，很多人随着技术进步而变得更加贫穷了，很多人因为技术进步而落后了，社会总福利水平的提升带来的是中下阶层人群生活质量和收入水平的快速下降，同时"金字塔"顶端人群获得了财富分配的巨额收益。

数字技术是否能够给经济增长带来显著影响、给经济高质量发展带来引导作用？数字技术给收入分配带来的影响是什么呢？答案也许并非在于数字技术本身，而应该通盘考虑国情、产业发展、政策激励等多重因素。但是综合来看，数字技术给产业发展带来的影响需要深入研究，数字技术对商贸流通业高质量发展带来的影响更加值得关注。

一、数字经济的基本特征

数字技术与实体经济融合发展形成的数字经济，是一种新的经济形态，数字经济呈现出独有的特征，与传统工业经济有着本质的区别。数字经济的基本特征主要表现如下：

（一）数据对经济的驱动作用具有首位性，成为驱动经济增长和发展的重要因素

互联网与物联网快速发展，加快了人与人、人与物、物与物的联通速度，信息数量不断增多和传输速度不断提高，数据量增长速度爆发式提高，大数据的概念应运而生。数据在农业、工业和服务业中的应用与提取优势明显，数字资源成为企业发展的最核心资源和塑造竞争力的重要手段，供应链中数据的竞争力成为核心竞争力，甚至数据资源成为国家之间的竞争对象，且趋势明显。大数据被称为"新时代的石油"，数据正在快速影响经济、政治、科学、教育等。

（二）数字相关的基础设施对经济影响深远，被称为"新基建"，具有调控经济的功能

与铁路、公路、机场建设的功能一样，数字技术的发展使得网络、云平台、人工智能等的建设被称为"新基建"，如数字物流、数字商场、数字便利店、数字交通、数字监管、数字政府等。这些新兴行业的蓬勃发展，推动工业时代的以"水泥和砖头"为代表的传统基建项目向以"芯片和光电"为代表

的数字"新基建"迈进。

（三）劳动者和消费者需要具备一定的数字素养才能就业和消费

农业经济社会与工业经济社会对消费者素养的要求相对较低，消费者在消费过程中，对知识素养要求不高，不需要掌握太多专业知识，都可以顺利进行消费。在数字时代，消费者不具备数字相关的素养和基本知识，消费也变得困难。同时消费者还要具备数字基础知识，能够熟练使用互联网和移动互联网。在数字时代，对于劳动者来说，其没有经过良好的素质训练，很难从事相关工作。随着数字技术与产业的融合渗透，劳动者需要具备专业技能和数字素养。缺乏数字素养人才成为阻碍企业发展的主要因素。具有较高数字素养的劳动者，是就业竞争中最有竞争力的。缺乏数字素养的劳动者或消费者被称为"数字文盲"，在消费和工作过程中，都会遇到障碍。

二、数字技术是产业转型升级与经济增长的新动能

《二十国集团数字经济发展与合作倡议》指出，数字技术与经济的深入融合，正在经历巨变，逐渐成为产业转型升级与经济增长的主要驱动力，在经济增长、产业全要素增长率和劳动增长率提高、培育市场和产业新增长点上，发挥着越来越大的作用，在绿色增长与可持续增长方面的效应更加明显。

（一）数字技术成为经济增长的重要推动力

牛津经济研究院和艾森哲公司提出了数字化密度指数，用于衡量各国企业和经济发展中，数字技术的贡献度，或者说，数字技术在企业和经济发展中的渗透度。从统计数据来看，数字技术密度的提升对经济增长的促进作用十分明显。基于 2014 年的物价水平测算，2015—2019 年，数字化密度增加 10%，发达经济体的 GDP 年均增速可以提升 0.25%，新兴经济体的 GDP 年均增速可以提升 0.5%。世界经济论坛指出，行业产业数字化技术程度每提高 10 个百分点，人均 GDP 将增加 0.25~0.62 个百分点。

（二）我国数字技术带来的经济规模增长明显，起步晚、增长快

我国数字技术起步晚，发展远落后于欧美发达国家。相关统计数据显示，1996 年我国数字技术带来的经济增长总规模达到 430 亿美元。近年来，我国数字技术与经济融合发展带来的各类数据呈现爆发式增长，后发优势明显。2005—2020 年中国数字经济规模如图 1-1 所示。

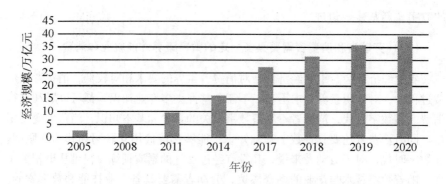

图 1-1　2005—2020 年中国数字经济规模

数据来源：根据《中国数字经济发展白皮书》相关数据整理所得。

从图 1-2 来看，GDP 增速与数字经济增速相比，数字经济增速高于 GDP 增速，产业数字化占比高于数字产业化占比。2020 年，中国数字经济规模高达 39.2 万亿元，与 2019 年相比，增长了 3.3 万亿元，占 GDP 的 38.6%，同比增长了 2.4%①，有效抵消了新冠肺炎疫情带来的负面影响，支撑了新冠肺炎疫情防控和经济社会的发展。2015—2020 年美国、中国、日本、英国数字经济规模如表 1-1 所示。

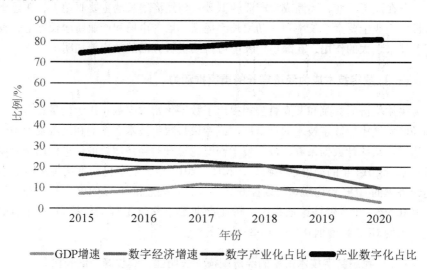

GDP增速　数字经济增速　数字产业化占比　产业数字化占比

图 1-2　2015—2020 年中国数字经济增速、GDP 增速、

数字产业化占比和产业数字化占比

数据来源：中国数字经济发展白皮书整理所得

---

①　数据来源：《中国数字经济发展白皮书》。

表 1-1　2015—2020 年美国、中国、日本、英国数字经济规模

单位：万美元

年份	美国	中国	日本	英国
2015	99 000	27 000	20 000	16 000
2016	108 318	34 009	22 935	14 300
2017	108 300	34 000	23 000	15 000
2018	123 408	47 290	22 901	17 287
2019	130 652	51 954	23 949	17 606
2020	135 997	53 565	24 769	17 884

数据来源：埃森哲公司研究报告。

（三）数字流动已经成为 21 世纪全球化的重要标志

20 世纪经济全球化趋势明显，其标志是商流、贸易流和金融流的迅速增长。2007 年，商品、服务和资金的全球流动达到了顶峰，流动性占 GDP 的比重达 53%。随后，同种类型的增速和扩张就基本停止了，全球商品贸易的增速趋于平缓，金融流动和服务贸易只是缓慢增长。这一态势并不标志着全球化进程已经停止。实际上，随着数字化程度的加深，全球化的形式发生了彻底的改变——21 世纪全球化最重要的特点是数据流动。

近年来，数字流不断增加，如图像处理、通信技术和信息处理等全球参与度不断提高。麦肯锡公司的数据显示，2005—2020 年，跨境宽带流量激增，中国占比为 23%，位列全球第一；美国占比为 12%，位列全球第二。由于网络裂解是以中、美为首的跨境数据流量的排位，中国将会占主导地位，具有主导优势。数字流动与数字平台创造了高效率，市场更加透明，数字化产业的边际成本接近零，促进了跨国业务的迅速扩张。

（四）数字技术与实体经济深入融合，经济转型增加新动能，区域发展　　差距缩小

《中华人民共和国国民经济和社会发展第十四个五年规划和 2035 年远景目标纲要》（以下简称《"十四五"规划纲要》）有专门的内容引导数字经济发展，共包括七个重要产业，如云计算、大数据、物联网、工业互联网、区块链、人工智能、虚拟现实和增强现实，七大产业将承担数字经济核心产业增加

值，占国内生产总值的比重快速上升。

数字技术与实体经济结合已经成为未来经济发展的新赛道和主赛道，是增强经济发展的新引擎，各地区都将打造数字经济的新优势作为发展目标，各地区正在根据自身的天然禀赋，走出区域数字经济的新发展路径。例如，浙江提出，到 2025 年年底，将实现数字技术赋能的产业增加值占 GDP 的比重超过60%，形成数字安防、集成电路、高端软件、工业互联网等具有全球显著竞争力的标志性产业链和数字化产业集群。河北将实现"5G+""人工智能+""区块链+"快速增长，赋能实体经济，作为未来发展的主要目标。

中国数字经济的发展，区域上呈现明显的集聚特征，京津冀地区、长江经济带、长三角地区、珠三角地区、粤港澳大湾区、成渝地区双城经济圈等不同区域数字技术的发展目标和功能定位有明显差异。京津冀地区重点发展服务业数字化，其中北京的科研创新与服务业数字化水平较高，综合实力较强，为京津冀地区打造服务业数字化综合中心提供了良好的技术、文化和人才支撑。在长江经济带沿线，绿色发展是重中之重，借助数字技术节能减排，提升发展质量是重点。上海正在加速构建长三角地区科技创新共同体，通过数字协同，提高长江经济带污染治理水平。湖北将集成电路、新型显示、光通信、新能源与智能网联汽车等细分领域，作为未来发展的主要目标，着力培育这些方面的龙头企业，推进数字化赋能实体经济的快速发展。粤港澳大湾区主要体现在空间布局的"双核一廊两区"上，全球数字经济产业中心不断形成。成渝地区双城经济圈着力增强产业的数字化、网络化与智能化的核心竞争力，依托数字技术，实现经济协同发展。区域协调发展需要强化数字基础的支撑，通过深入运用数字技术，实现超过地理条件、历史基础和文化环境的制约，不断拓展经济容量。随着新型数字基础设施的建设与普及，数字经济不断突破地理空间和时间的局限，逐渐改变经济发展模式和资源配置方式，进而缩小区域间的发展差距，实现协同发展、绿色发展。

（五）数字技术类大型企业强势发展，增长速度快

随着数字技术的迅猛发展，数字化成为经济发展的主要动力，对国民经济的促进作用有目共睹。数字作为一种生产要素，对企业生产和经营意义深远，数字类企业开始取代传统企业，成为世界级企业的领头羊。

截至 2020 年年底，全球发展潜力最大的十家公司中，有六家数字类公司，如苹果、微软、亚马逊、脸书等，同时前三位有两家互联网公司（见表1-2）。

表 1-2 2020 年全球市值最高的十家公司

排名	公司	市值 /亿美元	主营业务	国家
1	苹果	210 000	数字类产品	美国
2	沙特阿美	190 000	石油生产和提炼	沙特
3	微软	180 000	软件数字产品	美国
4	亚马逊	160 000	信息技术、数字产品	美国
5	Alphabet	140 000	技术、生命科学、投资资本、科学研究	美国
6	脸书	83 900	社交媒体网络、数字产品	美国
7	腾讯	75 300	数字产品、社交网络	中国
8	特斯拉	64 100	汽车、新能源汽车	美国
9	阿里巴巴	61 500	互联网、数字产品	中国
10	伯克希尔·哈撒韦	58 800	保险	美国

一方面，新型数字企业崛起，并快速发展；另一方面，传统企业加速数字化转型。例如，沃尔玛从 20 世纪 70 年代就开始信息化和数字化转型，应用计算机信息系统、卫星通信系统和软件系统等实现库存管理、连锁店管理与供应链管理，支撑了快速的全球化战略和扩张，成就了沃尔玛的全球零售霸主地位。近年来，沃尔玛不断与互联网、人工智能和大数据等现代化数字化工具融合，如 2000 年就开展了线上业务，拥有电商平台、Walmart.com。2010 年 5 月，沃尔玛收购 1 号店 80% 的股权，搭建在中国的电商平台，拥抱互联网零售。沃尔玛借助数字技术，坚守全球化战略。跨国经营和科技创新是沃尔玛转型的两翼。沃尔玛一直坚持数字技术与全渠道相融合的关键战略，与供应商深度合作，实现线上到线下无缝链接的全渠道购物体验。在不断开展数字化创新的过程中，沃尔玛不断深入探索，如将初创公司带入沃尔玛的零售供应链中；上线小程序，并在 6 个月内成为零售商超行业首个注册用户破千万的小程序。沃尔玛在未来保持优势，为已经积累的 6 000 万数字化用户提供个性化的定制服务，逐渐成为顾客信赖的全渠道零售商。

沃尔玛在数字化转型后，不断扩大自有品牌影响力、延长物流供应链、深化全渠道建设、加快中国新开店的步伐与云仓建设。持续差异化零售关键业务、自有品牌与生鲜联动发力、渠道创新与业态创新成为沃尔玛中国战略的三个关键要素。

沃尔玛的数字化转型成效从 2019 年以来的经营财报中可以得以证明。在实体店利润普遍下滑的同时，沃尔玛（中国）的销售业绩增长了 6.3 个百分点，可比销售业绩增长了 3.7 个百分点；山姆会员商店的销售额实现了两位数的增长，其中生鲜食品和全渠道贡献最大。数据显示，沃尔玛转型成功，已经成为全球第四大网络零售商和数字零售商。

三、数字技术成为驱动经济高质量发展的主要动力

数字技术和数据要素不断向各行各业深度渗透，促进了经济高质量发展。数字技术作为新兴要素，改变了生产要素的组合方式，驱动了经济的快速增长，促进了全球贸易的增长和产业转型升级，提高了产业创新创业水平，实现了节能减排目标，驱动了绿色发展，最终有助于实现经济高质量发展。

（一）促进了产业转型升级

数字经济属于融合性经济，数字技术赋能效应显著，在自身快速发展的同时，助推传统产业优化资源配置、调整产业结构、实现产业升级、优化产业布局、实现绿色发展。2016 年 4 月 19 日，习近平总书记在网络安全和信息化工作座谈会上强调，要着力推动互联网和实体经济深度融合发展，以信息流带动技术流、资金流、人才流、物资流，促进资源配置优化和全要素生产率提升，为推动创新发展、转变经济发展方式、调整经济结构发挥积极作用。

作为国民经济主体的制造业，是数字经济和数字技术融合发展的主战场。新一代数字技术、工业互联网与制造业的融合发展，成为引领传统制造业数字化转型的动力。以美国和德国为首的西方发达国家先后将数字化转型作为制定国家战略的主要方向。例如，美国的多个先进制造伙伴计划，德国的工业 4.0 战略，英国的高价值制造、法国的新工业法国，日本的机器人新战略等，将制造业与互联网融合发展作为重要支撑点。

我国制造业转型也取得了明显的成效，数字化、网络化、智能化水平与制造业的融合发展水平显著提高，数字技术与传统制造业融合创新，催生了制造业与网络化协同、大规模个性化定制与远程智能服务等符合市场需求的新业态和新模式。大型制造商开始利用数据分析来优化工厂运营、提升设备利用率和产品质量、降低能耗。使用数据型供应管理系统，生产管理可以将原材料、零部件在制造业网络中的流动实现可视化管理，优化了工厂经营、产品发货和物

流监督，提质增效。智能互联网实现了将客户的体验数据即时发送给产品经理，对产品改造升级与功能优化提供即时的信息，从而能设计出质量更好的产品。例如，潍柴动力搭建了发动机全球协同研发与创新平台，主要环节的产品创新周期大大缩短，发动机研发与创新周期从 24 个月缩短至 18 个月。以数字技术作为支撑，制造业的个性化定制模式逐渐落地，并成为主流。例如，三一重工通过智能服务平台为全球超过 20 万台设备提供实时监测和运维服务，三年新增利润超过 20 亿元。又如，航天云网通过平台为超过 44 万家企业注册用户提供工业软件、解决方案等服务。

数字化促进零售业、金融业以及旅游业等服务业转型升级的成效更加明显，以数字零售、数字金融为代表的数字服务业蓬勃发展。例如，永辉超市借助数字技术进行深度革命和转型，取得了较为显著的成绩。永辉超市首先进行组织架构的变革，这一改革是永辉超市多项革命的基础。永辉超市从战区制改为省区的总经理制，借助互联网和人工智能在总部搭建新的采购供应链平台，打破了原来的传统采购体系，实现了数字化、可视化和动态化的采购供应链体系，提高了与品牌商合作的效率和精确度，大大降低了库存量。永辉超市采购中台会专门负责全国性采购和采购相关工作，提高了资源配置和整合能力。与大型供应商合作时，永辉超市借助数字技术建立了专门的专项服务队伍，如宝洁专项供应链服务团队，数字技术让双方实现了协同办公和无缝对接，更多、更高效率地实现了直采和直供模式。同时，永辉超市将权力下放后，提高了区域总部的权利，更大程度地实现了区域连锁的商品本地化和特色化商品的开发，提升了区域经营的灵活性，更好地满足顾客个性化需求，提升了双方在交付中的效率与效益。这也是永辉超市提高新品和淘汰滞销商品的主要举措，提高了地方性知名品牌和新兴品牌的入驻率与动销率。

从 2021 年起，永辉超市进入数字化转型的关键时期，深度数字革命是关键举措。具有数字化背景的首席执行官李松峰的上任，标志着永辉超市数字革命的决心。从改革的目标来看，永辉超市的生鲜战略依然是基础。构建以客户为中心的全渠道数字零售企业战略是关键，永辉超市借助数字技术升级改造，首先实现了以顾客需求为中心、消费需求数字化为基础的精准选品，彻底摒弃了"选品靠经验"的传统模式。

永辉超市依靠数字技术，重构零供关系，改变了矛盾重重、零和博弈的零供关系，与关键品牌商和供应商深化合作关系，构建符合顾客需求的数字化零供关系。首先，永辉超市改变了与供应商的合作态度，增强自身的服务意识和服务观念。永辉超市已经建立专门负责供应商服务的团队，将供应商的地位提高到了最重要的位置，采购团队的观念和角色发生了革命性的变化。在企业内，采购团队是品牌推荐官，对门店直接负责；在企业外，采购团队是品牌的代理商，强化与品牌商的密切合作，协同办公。例如，在和品牌供应商的合作上，永辉超市安排专业团队服务品牌商，运用数据驱动（包括综合销售数据、市场热点商品数量、用户画像）进行商品精选，与品牌商合作，提供消费数据，让选品建立在数据支撑的基础上。同时，数字赋能的永辉超市通过规模化优势，帮助中小潜力供应商孵化新型品牌，扶植成长过程中的地方性潜力品牌，深化自有品牌的培育和开发。相关数据显示，永辉超市参与的品牌气泡水——依能气泡水，2021年9月和10月的销量增长率为138.7%，依能气泡水的销售在同类产品中的占比由3.16%（2020年）提升到了6.02%（2021年）。因此，可以说，永辉超市的零供关系，已经从单纯的采购-供应关系，转变为品牌-门店协同融合发展、共同参与成长的深度合作关系，永辉超市的开放性平台加速了零供关系的升级，永辉超市在不断放大自身的快速服务优势和全渠道优势的同时实现了市场的全覆盖。这对品牌商和永辉超市来说，均是一个突破性的改进，也是双赢的选择。

（二）加快了产业创业创新

2018年以来，全球经济波动加剧，人口结构和新科技加速巨变。在多重因素影响下，各国政府高度重视创新创业，并出台了多方面与创新创业相关的政策，以扶持创新企业、增强企业的竞争力。各国加大了对学生数字技术和创业培训的培养力度。例如，欧盟成员国从初等教育到高等教育都加入了创业观念。为了提高青年人的数字技能，扫除创业的技术障碍，多个欧盟成员国已经在学校核心课程中引入信息通信技术；多个欧盟成员国提出在核心课程中介绍创业技能，或者要求学生通过创业技能考试。

在新一轮科技革命和产业变革的带动下，特别是在政府的大力推动下，我国正在数字经济领域形成新一波创新创业浪潮，创业企业爆发式增长，创业群体迅速扩大，创新创业在全社会蔚然成风。数字经济的发展孕育了一大批极具发展潜力的互联网企业，成为激发创新创业、带动就业的主要驱动力。

（三）驱动了绿色发展

数字技术与金融、流通、服务、农业、制造业的深度融合，可以实现全社会节能减排，促进绿色发展。以制造业为例，数字技术与制造业融合，推动我国绿色发展，是我国经济高质量发展的必经之路。首先，数字技术具有较强的绿色属性，具有网络化、数字化、集约化的特征，能有效降低各产业的能源耗费和污染，产生良好的溢出效应。其次，与劳动、资本、传统技术相比，数字要素更好地改变了农业、制造业、服务业的工艺、生产方式、信息对接方式和速度，具有生产效率高、能源消耗低的特点，产品附加价值高。再次，数字化转型与产业物联网的应用持续推进各产业朝着技术和知识密集型企业的方向转型升级，实现节能减排，降低能耗。最后，各产业可以充分利用数字技术，如大数据、人工智能、区块链等，提升绿色项目的选择、监督、服务与资金使用等方面的效率。

数字技术驱动绿色发展的原理与机制如图 1-3 所示。

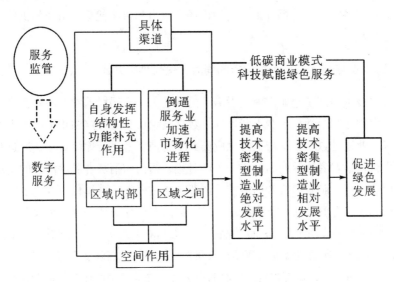

图 1-3　数字技术驱动绿色发展的原理与机制

四、数字技术已经成为推进供给侧结构性改革的重要引擎

数字技术已经成为现代经济增长与发展的关键驱动力，在经济增长速度换挡期、经济结构调整阵痛期和前期刺激政策消化期"三期叠加"的大背景下，经济增长的突出问题表现为总量与结构的双重问题，推进供给侧结构性改革是适应和引领经济高质量发展的关键。着力发挥互联网、移动互联网的比较优势以及数字技术对经济的支撑作用，利用数字技术精准定位供需关系，减少供需错位，优化资源配置，是解决制约供给侧结构性改革中的深层次问题的最优方案。

（一）数字技术可以有效提高供给能力，丰富供给主体

供给侧结构性改革的目标是"三去一降一补"，重点是减少无效的生产和低端市场的产品供应，增加高端供应和扩大有效供给。数字技术与农业、工业和服务业等传统行业的融合，改变了产业经营方式、供求互动模式和商业经营逻辑，给更多中小企业接触市场的机会。数字技术通过重构供应链，提高了生产对市场的反应程度，推动产业升级。工业互联网和智能制造提升了产品品质、生产精准度，按需生产、个性化生产减少了浪费，降低了库存。零售业的新业态、新模式不断出现，新兴数字平台降低了产品销售的门槛，增加了厂商直接面对市场的机会，提升了厂商的市场竞争力和供给能力，市场的供给主体更加多元化。

（二）数字技术在扩大总需求的同时，优化供给方式

数字技术提高了企业对消费者需求的掌控力，在居民消费者不断提升的过程中，定制化和个性化消费不断增加。数字技术成为支撑定制化生产的主要技术。各企业通过数字资源与上游供应商和下游消费者进行无缝对接，通过数字平台直接向消费者展示商品的整个生产过程，提前向消费者展示商品的使用方法和使用功能，刺激消费者的需求。消费者通过多渠道可视化的方式了解商品的生产和供应、商品的性质和使用效果，提高对商品的认知度，扩大总需求。

数字资源的应用丰富了厂商商品供给的渠道和方式。在传统时代，厂商通过经销商、代理商向消费者展示商品，时间长、效率低、准确度不够，往往出现厂商生产商品的数量、款式和质量方面的盲目性，往往是生产什么，消费什么，生产决定消费。在生产决定消费的情况下，消费需求并不能很好地被满足。在数字时代，消费需求前置化，生产厂商可以绕过经销商、代理商，直接与消费者接触，一方面提前了解消费需求，以需定产，提高生产的精准度；另一方面，生产厂商绕开中间商，直接通过平台销售商品、直播带货销售商品、与零售商接触销售商品等，供应方式发生颠覆性变化，实现多样性。截至 2020 年年底，我国企业数字化的研发设计工具普及率、关键工序数控化率已经分别达到 70.8%、50.5%。助力企业降本增效作用持续提升，领先企业劳动生产率增幅可以达到 20%，万元工业总产值综合能耗降低超过 6%。在消费端，全国网上零售额在 2020 年已经达到 117 601 亿元，全年电子商务交易额达到 43.8 万亿元。随着产业数字化程度不断加深，数字技术赋能产业发展，在很大程度上扩大了经济增长空间和提高了经济增长效率。

（三）数字化推动低水平供需失衡向高水平供需平衡跨越

供给侧结构性改革的目的是提高供给质量，更好地满足消费需求。数字技术加速供给侧结构性改革，提高商品的供给质量，通过数字技术引导消费需求由生存型需求迈向品质型需求，通过进一步解放和发展生产力，用技术驱动生产革命，推进生产的结构性变革，提升供给结构的柔性和对需求的反应及时性与灵活性，提升全要素生产率。

五、数字技术促成就业新态势，增进社会福利

技术是经济增长的源泉，就业是国家发展的根本，也是民生的根本。技术与就业具有双重关系，技术在消灭传统就业岗位（技术性失业）的同时，创造了新的就业岗位。1930年，英国的著名经济学家凯恩斯指出："一种新的疾病在折磨我们，某些读者也许还没听说过它的名称，不过在今后几年内将听得最不想再听——这种病被叫做技术进步致使的失业。"

人类对技术进步的态度一直比较含糊，技术进步所带来的矛盾和纠结在历史上很多。工业革命也给人类带来了失业的命运，机器的高效率替代了手工的低效率，人的就业机会被机器替代。同时，工业革命创造了新的就业岗位，如机器上的流水线工人，手工操作工人经过培训，成为流水线工人；工厂的技术工人、高级技术工人和设计师都是伴随着工业革命出现的新的就业岗位。

数字技术对人的智力和认知有一定程度的促进与激发作用，促进了人的成长和进步，就促进了生产能力的大幅度提高和生产的融合发展，引发生产的深层次革新，提升产业素养，引致产业结构升级，对人才提出新的需求，改变就业结构。

数字技术给就业带来的影响更加深远，数字技术正在给产业带来一场彻底的革命。有研究报告显示，2016年数字经济带来了280万个新型就业岗位；2017年数字经济领域就业人口达1.17亿人，2018年中国数字经济领域就业岗位高达1.91亿个，占全年就业总人数的24.6%。其中，数字产业化领域就业岗位达到1 220万个，产业数字化领域就业岗位达到1.78亿个。

数字技术在不断消除传统产业的就业岗位的同时，不断创造新的就业岗位，这种就业的变革在三次产业中有差异性的变化。2018年，中国第一产业相关数字化岗位约为1 928万个，第二产业与数字化技术相关的就业岗位约为

5 221 万个，第三产业中数字化技术带来的就业岗位约为 13 426 万个。由此可见，第三产业数字技术类岗位最多，增长最为明显。

（一）数字技术的就业特征

数字技术赋能传统产业提升了我国经济发展的质量和效率，给我国就业结构、就业数量、就业质量带来了深刻、全面的影响，不断催生新的就业岗位和就业形态。主要呈现出以下几个典型特征：

1. 数字技术的小微企业就业效应明显，带动效应大，吸纳就业人数多

数字技术对小微企业的影响明显，通过小微企业带动就业的作用较大。因为小微企业采用数字技术更加灵活方便，且盈利效应明显。数字技术驱动的就业岗位有 34.2% 属于小微企业，而上市公司相关数字为 6.32%。从就业岗位的人数规模来看，小微数字企业用人规模大、岗位多，平均每个岗位招聘人数高达 4.1 人，而全国的每个岗位招聘人数平均为 3.3 人和上市公司每个岗位招聘人数平均为 1.4 人。究其原因，这与小微企业就业灵活性大、就业难度低、入职门槛低、管理灵活直接相关，同时与小微企业人才流动性大也有一定的关系。数字技术类就业的岗位年限平均为 3 年以下。

2. 大中型企业数字类人才的收入较高，上市公司数字类人才的收入优势更为明显

数字技术赋能大中型公司创造了较高的收益，大中型公司的收入水平随着公司收益的增长而增长。2019 年，大中型公司数字技术类岗位平均薪酬为 12 597.9 元/月。从数字人才学历要求来看，大中型公司的人才要求最高，学历普遍需要硕士以上；上市公司人才学历要求次之学历，学历普遍需要本科或硕士；中小微型企业人才学历要求最低，学历普遍需要大专以上。数字类企业总体上对高学历人才需求较大。上市公司对较高学历者给予的报酬远远高于中小微企业，硕士平均收入为 15 096.1 元/月，分别高于本科和专科 39.12% 与 130.58%。

3. 数字产业领域就业岗位占比明显高于数字产业对 GDP 的贡献，高端就业吸纳力不断增强

从就业岗位占比与数字产业的 GDP 贡献来看，前者明显高于后者。因为数字产业的就业岗位随之数字产业的蓬勃发展，呈现迅速增长的态势，随之对人才需求不断增加，所以就业岗位占比高于数字产业对 GDP 的占比。例如，2018 年数字产业领域的岗位需求占人才总需求的 32.6%，占总就业人数的 24.2%，就业占比明显高于数字产业化的 GDP 占比。从薪资水平来看，数字

产业领域月均薪资可达 9 211.9 元，高于产业数字化领域月均薪资 1 097.1 元。在学历等其他条件相同的前提下，数字产业化行业月均薪资达 13 057.5 元，产业数字化行业月均薪资为 12 366.6 元，薪资均值差为 5.6%。数据表明，数字产业化发展快，乘数效应明显，因而行业的人才需求大，就业效应明显，对经济增长的效应大。

4. 产业数字化行业逐渐成为就业吸纳的主体，产业结构上表现为第三业产最高、第二产业次之、第一产业最小的特征

产业数字化是各产业与数字技术融合后的产业状态，产业数字化是在新一代数字技术的支持与领导下，以数据为产业发展关键要素，以价值提升和释放为核心，基于数据赋能产业发展为模式和主线，对产业链和价值链上下游的各项发展要素进行数字化升级、转型和重塑的过程。产业数字化转型升级是各产业发展的必然选择。在转型升级过程中，产业数字化需要大量的人才，提供了大量的就业岗位，同时也存在许多新问题，如自身数字转型能力不足、出现"不会转"和"转不好"。在数字赋能过程中，前期成本不断攀升，资金供应压力不断上升，导致没有完成彻底转型而失败。各产业在数字赋能的过程中，往往人才支撑不足，缺乏关键人才，导致不敢选择转型。各产业的企业高层对数字赋能的全过程和战略理解不到位、认识不全面、思路不清晰，导致赋能和转型障碍。各产业的小企业转型缺钱、缺人，大企业的组织层级多、模式僵硬、不灵活，导致转型压力大。

2019 年，产业数字化领域的人才招聘岗位占总数的 67.5%，产业数字化人才需求总数占产业人才需求总数的 75.8%。第三产业的产业数字化就业人才规模占比达 60.2%，第二产业的这一比例为 7.1%，第一产业的这一比例为 0.1%。2019 年，工业、服务业数字化渗透率分别达到 19.5%、37.8%，而农业的这一比例则为 8.2%，产业结构的数字化升级带动了就业结构朝着非农化转换。因此，从长期来看，数字技术人才从第一产业到第二产业到第三产业流动的趋势越来越明显。从整体来看，第一产业数字化人才的供给与需求矛盾最大，第一产业的人才培养对未来产业发展有着非常明显的效应和非常重要的意义。第二产业的数字经济带来的就业受到高新技术和高科技产业推动更加明显。随着数字技术与产业的融合加深，就业规模不断扩大。第三产业中的科研和生活服务业是人才需求的主要领域。

(二) 数字技术就业空间差异的分布特征

从 2009 年以来，数字技术赋能各产业新增了大量的就业岗位，尤其是面

向消费者的产业数字化领域凭借门槛低、覆盖面广的优势，吸纳了大量的农村居民和城镇剩余劳动力就业，构成了我国城乡就业的主要驱动力之一，为劳动力跨区域就业创造了条件和空间。

1. 数字技术类岗位数量和规模的空间分布与地区经济发展水平基本一致且高度相关，收入水平有明显的空间梯度效应

中国经济高质量发展的空间效应明显，东部地区经济发展水平远远高于中西部地区，数字技术赋能经济发展所产生的新的就业岗位的数量和规模与经济本身的发展水平有明显的相关性，经济发展水平高的地区，数字技术鸿沟小，数字基础设施、数字素养、数字产业化水平和规模均高于经济落后地区。我国经济发展的空间不均衡现象，引发了数字技术与经济融合发展的空间差异。从相关统计数据来看，数字类相关岗位比较集中的地区包括北京、上海、浙江、广东等经济发达地区，其岗位规模分别占全国总量的 17.79%、12.25%、8.46% 和 25.74%。岗位与经济发展水平的关系明显。

2. 数字产业空间就业岗位集聚表现为单产业与双产业集聚明显，空间差异度为三次产业顺序下降的特征

从产业集聚的类别来看，我国产业空间集聚可以分为双产业集聚和单产业集聚，其中双产业集聚的空间区域主要包括安徽、贵州、福建、湖南、河北、江苏、辽宁、陕西、山东、天津、上海、重庆，单产业集聚的空间区域主要包括北京、广东、甘肃、广西、黑龙江、海南、吉林、湖北、江西、宁夏、内蒙古、青海、陕西、四川、新疆、浙江、云南。从就业岗位的集聚来看产业集聚，第一产业岗位的集聚度空间差异最大，集聚度高的地区主要包括山西、内蒙古、云南等地区，第二产业的集聚度空间差异次之，第三产业的集聚度空间差异最小。

3. 高端岗位向东部地区集聚，区域简单数字人才差距有增大的趋势

数字产业空间就业岗位集聚可以评价数字产业就业岗位在空间上的差异，同时可以从不同产业集聚的状态判断数字产业的空间区位差异。人才区位熵是判断数字产业就业空间差异的主要指标之一，人才区位熵越大，代表该区域高端人才集聚水平越高，人力资源水平和人才创新度越高。从中国信息通信研究院的评估数据来看，东部地区的高端人才集聚水平最高，数字技术与产业融合速度最快，数字经济环境不断优化，提高了对高端人才的吸引力，加速了高端人才集聚，形成了高端人才的供需良性循环。

4. 数字技术赋能经济发展对就业岗位跨省份流动具有明显的促进效应，东、中、西部地区的流动性依次减弱

数字技术赋能经济、促进发展的同时，降低了就业的信息成本，促进了人才跨地区招聘与流动，为人才跨区域流动创造了良好的条件。同时，数字赋能下平台经济催生了大量的高端新型灵活就业，为跨区域就业提供了机遇。从中国信息通信研究院的统计数据来看，2020 年全国输入输出岗位最高的地区为北京、广东、浙江和江苏，这些地区的输入和输出①岗位远远高于其他省份，跨区域就业及人才流动的频率加大。

（三）数字技术增加社会福利

数字化与产业融合发展，为居民提供了更多的就业岗位，推动了人才的快速流动，减少了就业信息的不对称，一方面增加了就业机会，另一方面提高了收入水平，从而提升居民的幸福感，增加社会福利。

随着数字化密度的提高，数字技术对产业和企业的渗透度提高，数字技术给传统产业带来的红利提高，无论是就业、收入，还是生活的便利性都能得到明显的提高，生活和工作的效率大大提高，居民的幸福感大幅度提升。世界经济论坛对 34 个经济合作与发展组织成员方的调查显示，数字化程度每提高 10 个百分点，能够促使幸福指数上升约 1.3 个百分点。

从地区间的经济发展差异带来的福利差距来看，数字技术有利于消弭地区间的数字鸿沟，为更多地处偏远地区的居民带来更多的就业机会。例如，随着偏远地区数字基础设施水平的不断提升，农产品电子商务、直播带货等方式，让大山里的农产品走出大山，提高了当地特色农产品的附加价值和偏远地区农村居民的收入，增进了社会福利。腾讯研究院的报告显示，智慧民生加速向四五线城市和乡镇以及农村下沉，农村居民对移动平台的公安、医疗等公共服务的可获得率大大提升，服务满意度与发达城市的差距随着乡村振兴战略的不断推进快速缩小，区域间的民生数字鸿沟明显缩小。

数字技术对民众福利的提升体现在日常生活和工作的各个方面，包括购物、银行服务、娱乐等，如朋友之间的交流模式、工作模式、购买支付模式等。例如，深圳通过开展移动医保支付试点，用户直接通过微信完成挂号、门诊的医保移动缴费，6 个月时间累积为 90 万深圳市民节省 8.06 万个小时。我

---

① 输出岗位是指各省（自治区、直辖市，下同）内注册企业向其他省份招聘岗位人数，即该省跨省份企业为企业省份提供了多大就业岗位的规模。输入岗位为其他省份所在地注册企业在各省份招聘的岗位数，即该省份通过其他省份的跨省份企业获取的岗位数据。

国线上支付省时、省力、方便、创新、成本低、绿色低碳。2020 年，中国第三方支付交易规模突破 249 万亿元，为居民生活提供了极大的便利，提升了居民生活的满意度和幸福感。

六、数字技术与商贸流通业高质量发展

商贸流通业是服务业的主体，是国民经济的重要组成部分，为 GDP 增长做出了重要贡献。"互联网+"的不断深入，数字技术与商贸流通业的融合程度不断加深。加快推进商贸流通业数字化转型，是经济转型升级与高质量发展的必然选择。数字技术促进商贸流体系提质增效和商贸流通业高质量发展。

数字技术是一种先进的生产力，通过赋能商贸流通业，节约了流通时间，降低了流通过程中的信息交互成本、搜寻成本和物流成本，提高了流通效率。

第一，商贸流通业数字化具有更低的经营成本，促进商贸流通业高质量发展。与传统商贸流通业相比，数字化商贸流通业在经营成本、绿色效能、高质量发展上，具有明显的优势。通过测算，商贸流通业数字化比非数字化情况节约15%的成本和费用，如线上零售和线下零售相比，线上零售成本和费用低17%。由此可见，数字技术是商贸流通企业经营成本下降的主要驱动元素。从网络零售数字化统计数据来看，综合运营费率由低到高依次为纯电商、以线下为主的线上线下相结合的零售商、线下实体零售商。成本的节约可以激励流通业创新发展，实现高质量发展，促进产业链的共同繁荣。

第二，数字技术提高了商贸流通业的运营效率，降低了经营成本，促进了商贸流通业高质量发展。数字技术的接入使商贸流通业的商品采购、拣选、运输、冷链、物流配送、需求信息的收集均更加高效。例如，零售、批发、经销、代理、物流等行业与数字技术融合，供应链各成员的交互成本下降，交互效率提高，需求端信息成为产品开发到销售的起点，产品的研发更加专业和准确，提高了市场效率，减轻了因为产品不能适销对路带来的浪费和损失，从商品的生产到交换再到消费全程信息一体化，实现了消费者多样化需求及时满足的同时，使生产的准确性不断提高。因此，商品流通业高质量发展得以实现。

第三，数字技术有助于促进商贸流通业渠道多元化与协同发展以及商贸流通业高质量发展。数字技术促进线上线下渠道的形成，线下渠道的类型增加，提升了渠道与渠道之间的沟通交流效率，实现了渠道之间的无缝对接，实现了全渠道的目标。

第四，数字技术降低了商贸流通业跨国经营的门槛，提升了跨国连锁经营的效率，加快了商贸流通企业的国际化进程，使商贸流通业实现了高质量发展。

第五，数字技术赋能商贸流通业，提升了供需之间的信息交流速度和交流质量，逐渐实现了产品价值链各成员之间信息交互的准确性，降低了交易成本，实现了绿色发展，促进了商贸流通业高质量发展。

本章小结

本章主要从整体上研究数字技术、数字经济的基本特征，数字技术对经济各方面产生的影响，包括数字技术成为经济增长的主要推动力、数字技术促进经济高质量发展、数字技术促进供给侧结构性改革、数字技术促进就业并增进社会福利。最后，本章论述了数字技术对商贸流通业高质量发展产生的影响。

第二章 数字技术驱动商贸流通业
高质量发展的文献综述

一、引言

2017 年 5 月，习近平总书记在"一带一路"国际合作高峰论坛开幕式上指出："要坚持创新驱动发展，加强在数字经济、人工智能、纳米技术、量子计算机等前沿领域合作，推动大数据、云计算、智慧城市建设，连接成 21 世纪的数字丝绸之路。"数字丝绸之路的建设，加强了国际贸易合作，加快了经济发展速度，提升了就业数量和质量，增进了人民福祉。我国 2020 年数字经济规模居世界第二，占 GDP 的比重为 38.6%。其中，跨境电子商务进出口达1.69 万亿元，增长 31.1%①。商贸流通业是国民经济的先导产业，其数字化发展将加快产业数字化进程，重塑世界经济结构。

近年来，面对中美贸易摩擦、新冠肺炎疫情等一系列不确定因素对我国经济发展的影响，中共中央政治局常委会会议于 2020 年 5 月 14 日首次提出构建国内国际双循环相互促进的新发展格局，增强了我国经济面对不稳定、不安全发展环境的抗风险能力。在"双循环"新发展格局下，构建现代商贸流通体系意义重大，数字赋能商贸流通业高质量发展，通过跨境电商等模式，打造全球供应链，有效连接国内国外循环，催生新业态、新模式促进国内消费升级，进而扩大内需，通过搭建数字共享平台，提高产品和信息的流通效率与精确性。

数字技术是我国经济高质量发展的重要支柱之一，促进社会有效分工与城乡要素相互流动，实现资源优化配置，畅通国内国外循环，是打造数字丝绸之

---

① 数据来源：《中国数字经济发展白皮书（2021）》。

路、形成"双循环"新发展格局的重要推动力。全面数字化转型是实现商贸流通业高质量发展的主动选择。在数字经济高速发展的时代背景下，本书基于数字技术驱动商贸流通业高质量发展的实际情况，通过对相关文献的梳理和提炼对以上问题给予回答，并提出有关研究方面的不足与展望，以期为商贸流通业数字化发展的研究和实施提供参考价值。

二、商贸流通业高质量发展的文献综述

2017 年 10 月，中国共产党第十九次全国代表大会首次提出了"高质量发展"的概念。建立健全绿色低碳循环发展的经济体系为我国经济高质量发展指明了方向。高质量发展在微观经济层面上是产品和服务的高品质、高效率，在中观经济层面上是实现区域经济的协同发展，在宏观经济层面上是社会经济一体化高质量发展，实现国民经济质效的提升（安淑新，2018；吴雨星和吴宏洛，2020）。坚持创新、协调、绿色、开放、共享的新发展理念是实现我国经济高质量发展的必由之路，顺应了世界经济的发展趋势，提高了我国经济的国际竞争力。新发展理念是我国经济高质量发展的价值基础，把创新作为发展的第一动力，把协调和绿色作为发展的形态与特点，把开放和共享当做发展的路径与目标（吴昊和吕晓婷，2021；卢福财，2021）。创新力引领经济发展既要注重技术层面的创新，加强新技术在生产环节中的应用，提高物质生产要素生产率，也要注重管理层面的创新，完善企业管理机制，使用先进的管理思想和方法指导企业活动，最大限度释放人力资源效用。克琴（2021）的研究发现，管理创新比技术创新对商贸流通业高质量发展的促进作用更显著。随着我国经济增速的减缓，消费者的消费需求逐渐多元化，消费结构逐渐复杂化，新技术的不断出现，推进新零售模式的演进，突破发展瓶颈。新零售模式使平面消费模式电商得到改进，使其更加注重场景布局的差异化、多维化，提高消费体验，增加客户黏性（闫星宇，2018；周蓉蓉，2020）。商贸流通业高质量发展需要开放共享的大环境，即贸易自由、资源与信息共享、提高发展效能、加快形成"双循环"新发展格局。党的十九大报告指出："中国支持多边贸易体制，促进自由贸易区建设，推动建设开放型世界经济。"傅龙成（2018）认为，商业改革开放应该针对流通基础设施和体系、市场和消费结构、发展方式等方面进行转变，改革流通的供给侧。

商贸流通业是国民经济的主导产业。目前，有关该领域的研究很多，但每

位学者评价该产业发展水平的综合指标体系都有所差别。谢乔昕和宋良荣（2016）从商贸流通业的劳动力规模、产值规模、人均市场交易成交额和人均社会消费品零售总额进行评价；邱志萍和廖秋敏（2019）从基础设施、产出以及货运规模等衡量我国商贸流通业的发展水平……经过多位学者研究分析，我国商贸流通业发展水平评价体系已经初步形成，通常包含了商贸流通规模、结构、效率和信息化水平（郭莹，2017）。这有利于进一步研究该产业的发展动力与路径。我国商贸流通业高质量发展还需要缩小发展不平衡导致的消费能力与偏好的地区差异性，加强建设现代流通基础设施，推进共同富裕战略的实施，以消费者为主导，在体验经济、共享经济、绿色经济等新模式中挖掘新的经济增长点，使全国各地均能享受数字经济的红利。

三、驱动产业高质量发展和商贸流通业高质量发展的非数字因素研究

（一）驱动产业高质量发展的非数字因素研究

2021 年 1 月，中国国际发展知识中心副主任魏际刚在接受采访时表示，产业是支撑经济增长、推进现代化、保障国家安全的核心力量，是大国竞争的根基所在。产业高质量发展是提升我国的世界地位与百年未有之大变局的应对优势的关键环节。驱动产业高质量发展的非数字影响因素来自多个维度。教育改变发展观念，提高人口素养，开放共享的经济环境加快了资源要素流通等。

从第一产业来看，健全农业保险系统能够降低农户生产风险，保证农户生产收益，提高农户对农业生产的积极性，进而推动农业现代化体系建设（冯浩等，2021；唐勇和吕太升，2021；李琴英等，2021）。农旅发展增加了农业的附加值，有利于完善农业绿色生态系统，创新农业发展模式，顺应新消费观念与现代旅游的发展趋势（张莞，2019；胡平波和钟漪萍，2019；杨娜，2020）。张锋（2021）认为，建设"三品一标"、加强人力合作、统筹产业融合等途径可以推动长三角地区农业一体化高质量发展。熊学振等（2021）认为，畜牧业高质量发展应保护遗传资源，加强食品安全与动物防疫监控等。

从第二产业来看，劳动要素优质的质量与机构能够提升制造业全要素生产率，资本要素是保证劳动质量、推动制造业技术创新的基础，因此要素市场扭曲对制造业高质量发展有深刻的影响（刘汶荣，2021；孙婷、卞学字和张明志，2021）。商贸流通业聚集有利于降低制造业的流通成本，促进制造业产业

结构的转型升级与制造技术进步，进而推动制造业的高质量发展（詹浩勇，2014；上官绪明，2021）。鞠建华等（2019）认为，主要矿产储存量查明力度、矿业产品结构与矿山规模、采矿技术设备与清洁环保能力等均为采矿业高质量发展的影响因素。矿山规模与产品结构意味着矿产资源的数量与质量，先进的设备提高了采矿效率，高级的清洁能力有利于经济的可持续发展。

从第三产业来看，钟华星（2021）认为，完善的行业制度是金融业高质量发展的基础，降低间接融资比重能够优化行业结构，增加特别国债与专项债的发行量，能够提高金融行业的稳定性。优化营销环境能够弱化流通业的市场风险，降低流通企业的发展成本，促进流通业高质量发展（曹志鹏，2020；张语恒，2020）。发展高质量乡村旅游是实施乡村振兴战略重要部署。绿色乡村环境、特色生态产品、优质的旅游服务以及高素质旅游专业人才等因素同时发力，有助于促进乡村旅游高质量发展（于法稳等，2020；王婷等，2021；舒伯阳和蒋月华，2021）。良好的生态环境为发展乡村旅游奠定了基础，优质产品与服务有利于形成品牌效应，专业人士为乡村旅游发展增添了动力。

（二）驱动商贸流通业高质量发展的非数字因素研究

关于商贸流通业高质量发展的非数字影响因素领域，已有多位学者从交通运输基础设施建设、城镇化进程、龙头企业、相关政策等多维度进行了深入研究。

交通运输基础设施建设是影响商贸流通业的关键要素（陆向兰，2017；王刚和龚六堂，2018），它连接了生产、分配和消费环节，利用多种运输方式实现物资交换，提高社会资源配置效率。司增绰（2011）的研究表明，在公路基础交通设施中，民用汽车拥有量对商贸流通业高质量发展的影响程度最大，特别是对县以下的地区而言。交通设施是促进城乡物资与信息交流最基本的手段，是加快农村商贸流通业现代化发展的基础条件（易开刚，2006；杨守德和张天义 2021）。

商贸流通业的发展与城镇化进程具有互动关系（熊曦等，2015；刘国斌和马嘉爽，2018；施新平，2020），这种关系表现为共生效应（陈宇峰和章武滨，2015；王浩澂和熊曦，2015）。魏婕和何爱平（2011）认为，城乡发展水平不平衡使工业制成品市场和农产品市场的交易效率具有差异性，阻碍了城乡商贸流通业的发展。新型城镇化采用城乡经济一体化的形式，推动消费结构升级与产业结构优化，扩大融资渠道，满足商贸流通业发展的劳动需求（张晓倩和宋冬梅，2017；左玉洁，2021），实施统筹城乡发展战略对商贸流通业高质量发展具有重要意义。

龙头企业科技创新不仅会提升内部的创新绩效，还会带给其他企业强大的辐射带动效应（王兴国和王新志，2017；叶海景，2021）。商贸龙头企业集团的建立和发展有利于商贸流通产业结构调整，能够提高商贸流通产业竞争力、集中度和规模化水平（陈虎和张帆，2011；周凌云等，2013；吴义爽，2016）。龙头企业在我国产业中高端发展进程中的引领作用日益凸显，逐渐形成了主动意识，但仍有进步的空间。谭翔等（2021）认为，国家支持政策、良好的经济效益、强大的社会责任感以及浓厚的乡土感情是龙头企业充分发挥高质量发展带动作用的必要条件。政府可以通过人力、资金等方面的措施促进多企业强强联手，增强经济的溢出效应。商贸流通业是连接消费与生产的桥梁，随着居民生活水平的提升与精神消费的增加，高品质消费格局已经形成。叶悦青（2020）通过构建回归模型发现，消费业态、消费模式与消费观念升级显著驱动商贸流通业高质量发展。消费增长与升级给商贸流通业产业结构革新带来了机遇（王彦昌和陈荣，2013）。高品质消费将推动供给升级，补齐服务业短板，缓解消费升级与有效供给不足之间的矛盾（辛伟和任保平，2021；陈新年，2021）。消费升级有利于优化商贸流通业资源配置，改善商贸流通业渠道，促进城乡现代商贸流通业体系一体化（陈君，2015；谢家贵，2020）。

随着世界经济数字化转型升级，扶持政策和产业标准化机制将发生变化，政府将鼓励企业数字化转型，加大对数智技术创新的投入，以标准化推动产业融合与新业态、新模式、新技术的发展，技术性人才与知识性人才并重，实现商贸流通业的提质增效。政府作用与市场规律应有机结合，通过降低税费等方法降低流通成本，加强对商贸流通业发展水平较低地区的基础设施建设等（王德章和张平，2014；董誉文和徐从才，2017；艾麦提江·阿布都哈力克等，2017）。祝合良和叶萌（2017）运用计量经济法得出商贸流通业标准化发展显著促进该产业的国际竞争力的结论。标准化给商贸流通业高质量发展带来了成本优势、效率优势与流程优势（肖春勇，2009）。人力资源结构和管理效率为商贸流通企业创新力、竞争力的提升提供"智能"动力和支撑保障（吴少华，2006；方妙英，2018；曾嘉懿，2018）。

驱动商贸流通业高质量发展的非数字因素研究的重要文献如表2-1所示。

表 2-1　驱动商贸流通业高质量发展的非数字因素研究的重要文献

序号	研究问题	研究结论	研究学者	研究方法
1	交通运输基础设施对商贸流通业高质量发展的影响	民用汽车拥有量对商贸流通业高质量发展影响效应最显著	司增绰（2011）	灰色关联模型
2		利用现代交通运输构建农村现代物流体系，利用多种通信工具构建农村电子商务体系	易开刚（2006）	定性分析
3		农村运输道路、农村通信网络、农村仓储物流设施状况均显著影响农村商贸流通业发展	杨守德和张天义（2021）	回归分析
4	城镇化水平对商贸流通业高质量发展的影响	对外开放程度、市场化程度以及城市化水平均对商贸流通效率影响显著	陈宇峰和章武滨（2015）	数据包络分析法
5		通过提升人口城镇化率实现商贸流通业的配套发展	王浩澂和熊曦（2015）	协同关系计算法和回归分析
6		新型城镇化优化商贸流通业的产业结构，满足商贸流通业的发展的劳动需求	张晓倩和宋冬梅（2017）	定性分析
7			左玉洁（2021）	回归分析
8		城乡发展不平衡导致工业制成品市场和农产品市场的交易效率不同，阻碍城乡商贸流通业发展	魏婕和何爱平（2011）	效用函数
9	龙头企业的带动效应对商贸流通业的影响	龙头企业创新能够促进同行企业的技术革新	王兴国和王新志（2017）	定性分析
10			叶海景（2021）	调查问卷分析法
11		加大对龙头企业的发展有助于提高行业规模化水平	陈虎和张帆（2011）	加权算术平均法
12		带动能力强、辐射范围广的创新型龙头企业，有利于重组商贸流通业战略，调整产业结构	周凌云等（2013）	定性分析
13		龙头企业促进产业集群，推动产业高级化	吴义爽（2016）	定量分析

表2-1(续)

序号	研究问题	研究结论	研究学者	研究方法
14	消费升级对商贸流通业高质量发展的影响	消费升级调整产业结构,驱动产业高质量发展	叶悦青(2020)	回归分析
15			王彦昌和陈荣(2013)	定性分析
16		消费升级促进供给升级,实现有效供给	辛伟和任保平(2021)	定性分析
17			陈新年(2021)	定性分析
18		消费升级实现城乡现代商贸流通一体化发展	陈君(2015)	定性分析
19			谢家贵(2020)	随机前沿模型估计法
20	政府支持政策对商贸流通业高质量发展的影响	既要尊重市场规律,又要发挥政府扶持作用,扶持产业弱势群体,缓解市场作用的不足	王德章和张平(2014)	定性分析
21		改善流通体制,加强中西部地区商贸基础设施建设,培育专业商贸人才	董誉文和徐从才(2017)	回归分析
22			艾麦提江·阿布都哈力克等(2017)	杜宾空间模型与调节效应模型
23	产业标准化对商贸流通业高质量发展的影响	标准化使商贸流通业实现低成本、高效率,简化流程,提高竞争力	祝合良和叶萌(2017)	计量经济法
24			肖春勇(2009)	定性分析
25	人力资源市场对商贸流通业高质量发展的影响	人力资源高效利用为提高商贸流通企业创新力、竞争力注入了活力	吴少华(2006)	定性分析
26			方妙英(2018)	定性分析
27			曾嘉懿(2018)	定性分析

四、驱动产业高质量发展和商贸流通业高质量发展的数字因素研究

（一）驱动产业高质量发展的数字因素研究

2020 年，中国信息通信研究院发布的《中国数字经济发展白皮书》强调，数字产业化和产业数字化重塑生产力，是数字经济的核心。数字技术创新不仅驱动各产业调整内部结构、简化生产环节、提升工作效率，还强化了各产业之间的协同性，加速反应市场变化，变革生产关系，重塑全球价值链，实现了低投入、低污染和高产出，是推进中国制造 2025 战略实施的核心技术，是全面推动"一带一路"发展的关键动力，是构建"双循环"新发展格局的重要枢纽。在数字经济体系中，数字产业化是供给侧，产业数字化为需求侧，两个部门应精准匹配，协同发展（杜庆昊，2021；李腾等，2021）。

从第一产业来看，数字技术赋能商贸流通业，建立了高效的决策体系和智能化的生产管理模式，实现了农产品生产、流通与销售环节的信息共享，优化了农业体系（夏显力等，2019；杨建利等，2021）。金建东和徐旭初（2021）认为，数字技术促进农业高质量发展需要从生产、物流、经营和金融等方面着力，打造农业新优势，培育发展新动能。数字金融提高了农村地区的资金可得性，进而提升农产品的产出水平，其正向影响效应大于技术进步的作用（曾小艳和祁华清，2020；刘艳，2021）。

从第二产业来看，制造业高质量发展需要同时提升"量"与"质"。数字技术将对制造业进行质量、效率与动力变革，推动制造业高质量发展，完善产业生态（李英杰和韩平，2021；刘鑫鑫和惠宁，2021）。数字技术不仅对制造业的创新链、销售链等有促进作用，也为电力、水利等行业的可持续发展奠定了基础。罗志军（2021）认为，数字技术在电力企业中的运用实现了电力电气自动化系统的便利性、稳定性与精确性。

从第三产业来看，曹小勇和李思儒（2021）认为，数字技术有效连接生活性服务与生产性服务，加强服务业各企业合作，实现规模经济优势。建立乡村数字化公共管理体系，有利于消除城乡数字鸿沟，使全国各地均能享受到数字红利，早日实现共同富裕（方塑等，2019；杨嵘均和操远芹，2021）。《中华人民共和国国民经济和社会发展第十四个五年规划和 2035 年远景目标纲要》明确表示，我国将推进文化产业数字化转型升级，完善现代文化产业体系，建

成文化强国。杨秀云等（2021）认为，数字文化产业由多元主体网络共同生产，以用户价值作为系统核心，文化内容以数字化形式展现，创新用户体验场景。

从产业结构来看，数字技术显著促进了产业结构合理化、高级化，加快产业转型的速度（李治国等，2021；白雪洁等，2021；范晓莉和李秋芳，2021）。王建冬和童楠楠（2020）认为，数字要素可以连接产业链、人才链以及资金链等之上的其他要素构建"五链协同"机制。三次产业可以利用数字技术加快融合进度，健全现代农业体系（崔凯和冯献，2020；殷浩栋等，2020）。数字技术不仅可以调节三次产业的关系，还能加强各产业间跨行业的联动。

（二）驱动商贸流通业高质量发展的数字因素研究

2019 年，我国数字经济增加值为 35.8 万亿元。数字技术优化商贸流通业产业结构，创新商业模式，协调各行业之间的发展关系，构建绿色生态经济圈，打造开放共享的发展环境，推动商贸流通业高质量发展与消费升级形成双向驱动关系，加快商贸流通业高质量发展进程。数字技术是数字经济发展的基础力量（何玉长和刘泉林，2021；何玉和长王伟，2021）。技术创新是实现经济高质量发展的推动力（刘帅和滕腾，2021；丁述磊和张抗私，2021）。物联网、大数据以及云计算等数字技术创新给世界经济带来了新的增长点，改变了传统商贸流通业的生产方式，加强了产业链上下游的联系和多产业间的融合发展，是全要素生产率的增长动力。罗斌元和陈艳霞（2021）认为，数智技术缓解信息不对称、经济发展成本的节约以及经济发展效率的提升三个方面驱动我国经济高质量发展。数字技术赋能商贸流通业催生出多个新模式、新业态，进而提升其高质量发展的核心竞争力。

数字技术从资源整合、动态能力等角度驱动商贸流通企业的商业模式创新，构建生态价值链与可循环生态系统，提升企业绩效（张省和杨倩，2021；孟韬等，2021）。赵凡（2017）认为，商业模式是商贸流通业的核心竞争力，需要加强信息技术运用以获取发展机遇与活力，特别是融资决策和物流配送。随着人均可支配收入的增加，居民对美好生活的需求增加，催生出新兴消费模式，企业为更好地满足消费者的需求，进行商业模式创新。商业模式无论是技术导向型创新，还是需求导向型创新，都离不开数字技术的进步。李伟等（2020）提出了九种数智技术与服务需求融合创新的双重商业模式组合架构，实现数字化服务，为商贸流通业高质量发展增添活力。

2020 年 12 月，时任商务部副部长张志刚表示数字经济助力新消费发展，将进一步发挥消费对经济发展的基础作用，促进我国商贸流通业高质量发展。新消费是实施扩大内需战略，促进我国经济"双循环"发展的重要动力。数字技术创新与应用不断激发出新消费模式，深化商贸流通业供给侧结构性改革，形成多种新业态。外贸新业态的跨境电商自建海外仓储系统，实现自动化管理，提高物流效率。近年来，跨境电商还逐步与中欧班列、外贸综合服务等进行多业态融合发展（李然等，2019；白光裕等，2021）。作为零售新业态的新零售结合柔性生产和个性定制，以消费者为导向进行全渠道发展，打造情景化消费场景，开启智慧体验经济新时代（梁莹莹，2017；江积海和王若瑾，2020）。"短视频+"、直播带货等新业态成为线上零售业发展的关键动能。

数字技术对商贸流通业高质量发展既产生直接影响，又能通过其他产业数字化转型产生间接影响。资金流是企业的血液，紧密联系着企业的命运。金融业发展有利于资本集中和投资的增加，实现规模经济，促进产业现代化升级。金融针对商贸流通业的服务模式不断创新，有效满足了企业的融资需求，"互联网+"背景下催生的数字金融更是商贸流通业高质量发展的"助推器"（赵玉冰，2020；孙艳萍，2021）。李鹏宇（2021）认为，数字金融打破了商贸流通企业融资的时空局限，拓宽了融资渠道，降低了融资成本，促进了商贸流通业的市场化之路提速。刘达（2016）认为，以第三方支付为代表的互联网金融突破了传统供应链金融的融资方案与信贷支持。数字金融丰富了现代支付手段，加快了要素的有效流通，为零售业全渠道发展奠定了坚实的基础。

现代商贸流通业包含了零售业、餐饮业以及会展业等，是第三产业的重要组成部分，与旅游业之间有着千丝万缕的联系。旅游经济高质量发展需要有趣的精品旅游路线和优质的全程服务。易开刚和乜标（2004）认为，商贸服务不配套将阻碍旅游经济的发展。数字技术为商贸流通业与旅游经济的融合发展注入了动力。朱月双（2020）认为，智慧旅游给商贸流通业带来智慧化服务与管理。张颖超（2021）认为，商贸流通业与智慧旅游之间是双向互助的，实现了两者之间的技术渗透、功能互补、资源共用以及市场共拓。数字技术将推动商贸流通业与更多产业相互融合，实现产业结构高级化与要素的高效流通、重组，助力区域经济高质量发展。

驱动商贸流通业高质量发展的数字因素研究的重要文献如表2-2所示。

表 2-2　驱动商贸流通业高质量发展的数字因素研究的重要文献

序号	研究问题	研究结论	研究学者	研究方法
1	数字技术对商贸流通业商业模式的影响	数字技术对商业模式创新有动力作用，推动实现可持续发展	张省和杨倩（2021）	回归分析
2			孟韬等（2021）	PLS结构方程
3		加强信息技术在融资决策与物流配送等环节的应用，实现商贸流通业商业模式创新	赵凡（2017）	定性分析
4		提出九种数智技术与服务需求融合创新的双重商业模式组合	李伟等（2020）	定性分析
5	数字技术催生出商贸流通业新业态	海外仓储体系是实现跨境电商物流端自动化的关键	李然等（2019）	定性分析
6		发展公共海外仓，促进多业态融合发展，实现资源与设施互补	白光裕（2021）	定性分析
7		新零售实现柔性生产与个性定制的结合	梁莹莹（2017）	定性分析
8			江积海和王若瑾（2020）	定量分析
9	数字金融对商贸流通业高质量发展的影响	打破时间局限，降低融资成本，拓宽融资渠道	李鹏宇（2021）	回归分析
10		解决中小企业在传统供应链金融中的融资难题	刘达（2016）	定性分析
11	智慧旅游对商贸流通业高质量发展的影响	促进商贸流通业形成智慧化管理与服务	朱月双（2020）	定性分析
12		实现商贸流通业与旅游业之间的技术渗透、功能互补、资源共用以及市场共拓	张颖超（2021）	定性分析

五、数字技术驱动商贸流通业高质量发展的动力机制与实现路径研究

2020 年 9 月，习近平总书记在中国国际服务贸易交易会全球服务贸易峰会上表示："我们要顺应数字化、网络化、智能化发展趋势，共同致力于消除'数字鸿沟'，助推服务贸易数字化进程。"研究数字技术驱动商贸流通业高质

量发展的动力机制、效应与路径具有重要的现实意义。

（一）动力机制研究

商贸流通业是国民经济中的基础性产业，对于扩大内需、引导消费与生产等有显著的先导作用。商贸流通是市场经济的核心，能够带动经济的增长与转型（谭平，2004；陈玲，2010）。数字技术赋能商贸流通业加大了自身先导作用的力度，带动了其他产业的高质量发展。商贸流通业以数字技术为依托不仅能够满足消费者多元化需求，还能营造良好的消费环境，刺激消费，从而拉动经济增长（兰虹等，2020）。电子商务拓宽了农产品的销售渠道，推动了农业经济发展，缩小了城乡收入差距，加快了城乡统筹战略的实施进程（宋乐和倪向丽，2020；张莹，2021）。岳辉（2017）认为，商贸流通业中的零售和批发利用数字技术为制造业提供及时有效的信息，促进制造业的高效生产，流通环节则淘汰不良产品，推动制造业的高质生产。促进三次产业融合，充分发挥商贸流通业数字化转型升级的先导作用，有助于推动我国经济全面实现高质量发展。郑轶（2017）认为，商贸流通业继续发挥先导作用，需要提高要素贡献率和加大科技创新的力度。

构建现代商贸流通体系的过程中会经历无数次的改革创新，每一个阶段都需要建设配套的现代化管理体系。王郁等（2018）认为，智能实时风险管理机制通过互联网与物联网的运用可以弥补传统物流实时检测风险的局限，从而稳定智慧物流模式。周锐（2017）认为，零售业在网络经济背景下，应调整组织形式利用新技术，进行全渠道管理。数字技术将所有的信息数字化，因此管理机制创新不仅涉及行业内部的人力资源管理、供应链管理等，还涉及用户信息管理与用户信用问题管理等多个方面。杨海芳和王明征（2021）认为，数据匿名能有效解决电商中的用户隐私问题。

国内学术界还从资源要素之间的相互作用与影响、产业间协同发展以及动力与创新等角度去研究数字技术驱动商贸流通业高质量发展机制。叶悦青和王东（2021）基于发展数字经济的财政、教育和固定资产三个方面的投入发现，数字经济投入增加对商贸流通业高质量发展有促进作用。卢敏和丁焕峰（2020）认为，跨境电商贸易中介具有提升消费者福利与企业全球价值链的地位，降低国际贸易风险等作用机制。于丞（2018）认为，商贸流通业可以通过社群模式、平台模式、线上和线下融合模式进行与其他产业的协同创新。

（二）效应研究

商贸流通业利用产业先导性对我国经济增长产生溢出效应。巫景飞和林暐

（2009）通过构建模型得出商贸流通业国际直接投资（FDI）从长期对制造业产生纵向技术溢出效应的结论。王俊豪和周晟佳（2021）认为，数字产业的通用性、渗透性、技术密集性以及战略性使其对国民经济的溢出效应日益明显。因此，数字技术驱动商贸流通业高质量发展将会增强对其他产业的溢出效用，全面加快数字经济发展进程，提升我国经济韧性。电子商务发展水平对本地及邻近地区农民增收具有显著的正向溢出效应（李琪等，2019；刘奇和杨子刚，2020）。网络渠道对延伸实体店服务产生正向溢出效应，网络平台应结合传统渠道共同发展，提升全渠道服务质量，实现利润最大化（刘向东和张舒，2019；汪敢甫等，2020）。现代物流业提升了生产与消费的流通效率，会展业则有利于招商引资，形成品牌效应，均对其他产业有明显的溢出效应。曹允春和王曼曼（2017）认为，商贸流通业还应继续融入先进技术，形成区域网络体系，扩大辐射范围。

数字技术赋能商贸流通业直接推动产业增值提效目标的实现，交易成本、消费升级等其他因素对数字技术驱动经济高质量发展也具有中介效应。数字经济打造优质的人力资源培养环境，提高人力资源职业素质，变革产业生产关系，优化产业结构，促进我国经济高质量发展（张蕴萍等，2021；朱金鹤和孙红雪，2021；方昊炜等，2021）。陈杨等（2019）的研究表明，发展互联网经济对交易成本产生负向作用，从而推动流通业高质量发展。李扬和李保法（2021）认为，流通数字化提升效率、畅通渠道、扩大规模和优化结构，驱动技术创新对商贸流通业创新发展的中介效应显著。数字贸易是商贸流通业数字化发展的重要产物，是实现"一带一路"高质量发展的关键抓手。梁会君（2020）认为，跨境电商能削弱贸易距离对我国外贸发展的负向作用，推动我国与"一带一路"沿线国家的贸易经济高质量发展。

溢出效应和中介效应是国内学者关于数字技术驱动商贸流通业高质量发展效应的研究热点，其揭示了数字经济发展过程中各产业、各要素之间的相互影响机制。除此以外，商贸流通业数字化转型升级过程中的牛鞭效应、偏离效应以及调节效应等也有部分学者开始研究。王能民等（2021）认为，价格参考效应无法彻底消除双渠道供应链的牛鞭效应。邢晓溪和郭克莎（2020）通过分析数字消费对商贸流通业的偏离效应认为，数字消费平台通过调控第三方支付平台规模可以适当规避数字消费带来的经济风险。

（三）实现路径研究

随着数字技术的发展，商贸流通业数字化转型不断催生出新模式、新业态，各行业之间加强协同发展关系，秉承新发展理念，共同迈进高质量发展行列。陈丽娟和刘蕾（2021）认为，我国已经进入消费 4.0 时代，在价值认知等方面，商家与用户将逐渐达成共识，零售业数字化转型成为必然。

零售业经历了"实体零售→网络零售→新零售"的发展路径。2003 年之前，我国零售市场先后经历了百货店、连锁经营的发展热潮。2003 年，"非典"对实体零售的冲击使国内电子商务迎来它的黄金期。网络零售打破了时间与空间的局限，产品价值、服务价值、情感价值以及信任度都是影响用户对网络品牌忠诚度的重要因素（赵卫宏，2010；刘玉芽和陈星强，2014）。部分学者已经开始注意加快物流业发展与之配套的重要性（范月娇，2007；田俊峰等，2014）。2013 年"一带一路"倡议的提出与 2014 年我国政府首次承认跨境电商模式之后，我国跨境电商进入了高速发展期，进一步激发我国潜在消费，公共海外仓（车小英，2019；李肖钢和王琦峰，2019）和跨境物流（何江和钱慧敏，2019；张晓波，2020）成为研究热点。2016 年，"新零售"的概念被首次提出，"线上+线下+现代物流"的商业新模式引导了新消费的形成，实现了价值倍增（江积海和阮文强，2020）。国内多位学者分析了传统零售在数字经济背景下的业态创新路径、跨产业协同发展路径等高质量发展路径的必要性并提出政策建议。张琼（2016）认为，线上到线下（O2O）模式将演变成消费者到企业（C2B）模式，消费者的愉悦购物体验将成为零售业的业态创新点。张予等（2020）认为，零售业实现高质量发展将从"商品+服务"向"商品+服务+内容"转变。构建生态系统，完成生态闭环，形成和谐的生态关系是零售业高质量发展的重要一步（高凯，2017；王帅，2021）。数字共享平台的建立和企业自主意识的觉醒是零售业与制造业融合发展的关键（汪涛武和王燕，2018；张弘和陈胜棋，2020）。

随着零售业业态与模式的创新发展，现代物流体系也在技术创新驱动下不断完善。杨守德（2019）认为，信息技术推动物流业持续优化业务流程与组成方式，顺应"互联网+高效物流"蓬勃发展的趋势。赵树梅和门瑞雪（2019）认为，在新零售环境中发展的新物流将以数字技术为依托，重构全场景、全流程与全要素。目前，物流业与会展业作为商贸流通业的重要组成部分，已经率先从数字时代跨进了数智时代，实现了跨越式升级。智慧物流通过大数据、物联网以及人工智能等优化路径，实现了供应链一体化，还需加强数据共享，促进多种运输方式的有效衔接，打造与供应链的生态群，驱动"一带一路"建设（陈晓暾和熊娟，2017；况漠和况达，2019；赵松岭和陈镜宇，2020）。智慧会展提高了运行效率和场馆利用率，既共享了展商与用户的信息，又保障了双方信息的安全（王爱玲，2021；刘镜宇，2021）。虽然会展业的发展起步较晚，还存在许多问题，但数字技术将是其成功度过瓶颈期的关键驱动力。

数字技术驱动商贸流通业高质量发展，不仅伴随着新技术的产生，其在商贸流通业中的应用也在不断变化。王海青和王萍（2021）认为，区块链技术在流通业中的应用场景依次为数字货币、供应链金融、商品流通的防伪技术、数字贸易中的信息储存等。李飞等（2018）认为，大数据会经历认知、尝试、创新以及提升四个阶段转化成零售业的营销决策。

六、研究结论与展望

本章通过梳理影响商贸流通业高质量发展的非数字因素、数字因素、数字技术驱动商贸流通业高质量发展的动力机制与实现路径的相关文献可以发现，国内学术界对在新发展理念下商贸流通业高质量发展的内涵、动力机制与发展路径有较丰富的研究，对商贸流通业数字化转型的研究更多已经细分到各个行业，使研究更具有针对性。

从研究对象来看，零售业的研究占比最高，关于物流业、会展业与餐饮业等的研究较少。现代物流体系的构建如果滞后于新零售的发展，则会阻碍新零售发展进程，会展业作为商贸流通业里的新兴行业，具有突出的宣传、引资等功能，因此这两个行业都值得深度研究。

从影响因素来看，健全交通基础设施、提升城镇化水平以及发挥龙头企业的带动作用等均会推动商贸流通业高质量发展。数字技术既直接影响商贸流通业的创新，催生新产业、新业态，又能通过影响金融业、旅游业等驱动商贸流通业高质量发展。目前，部分学者已经注意到数字技术创新、消费升级与商贸流通业三者之间的联系，其他非数字影响因素和数字影响因素对驱动商贸流通业高质量发展之间的联系还有待进一步挖掘。

从数字技术驱动商贸流通业高质量发展的动力机制的研究来看，产业先导机制、动力机制、创新机制以及各要素相互作用机制是研究热点，协同发展机制与管理机制的研究较少。在"双循环"新发展格局下，三次产业融合是必然趋势，各行之间的协同发展有待将强。数字技术创新推动商贸流通业的商业模式与业态不断创新，各环节之间的联系加深，技术的应用场景不断变化，因此管理模式也应该不断创新。

从数字技术驱动商贸流通业高质量发展进程中产生的效应的研究来看，溢出效应与中介效应是研究的热点，这两种效应更清楚地展现了各产业之间的联系；长尾效应与牛鞭效应的研究较少。消费偏好向个性化转变意味着商贸流通业中的定制服务增多，因此商家不仅需要关注流行市场的变化，还需要时刻关注非主流市场的情况。大数据、物联网等技术实现数据共享，牛鞭效应依旧存在，进一步弱化该效应，有利于增加供应方与销售方两者的福利。

从数字技术驱动商贸流通业高质量发展的路径研究来看，该领域的研究成果颇为丰富，国内学者从不同角度分析了各行业发展瓶颈以及相应的对策。随着新技术的产生和商贸流通业产业结构的转型升级，数字技术在商贸流通业产业结构的转型升级过程中的应用场景与实现路径将发生改变。目前，已经有部分学者开始关注这个领域，研究还需进一步深入。

本章小结

数字重塑世界，创新领跑未来。在新发展理念和新发展格局下，商贸流通业数字化转型是我国经济高质量发展的关键抓手。本章采用文献研究法，对商贸流通业高质量发展的内涵、影响商贸流通业高质量发展的非数字因素、数字因素，数字技术驱动商贸流通业高质量发展的动力机制、效应与实现路径等相关文献进行梳理研究。研究结果表明：第一，驱动商贸流通业高质量发展的非数字因素有交通运输基础设施、城镇化水平、龙头企业的带动效应以及消费升级等。第二，数字技术既能通过创新商业模式、催生新产业、新业态等直接影响商贸流通业高质量发展，又能利用金融业、旅游业等行业数字化转型产生间接影响。第三，商贸流通业数字化发展的先导作用、动力机制与各要素之间的作用机制等是研究热点。相关研究通过演进路径中的溢出效应与中介效应等深度挖掘各产业间的关联，为实现我国经济高质量发展奠定了丰富的理论基础。

第三章 数字技术驱动商贸流通业高质量发展的路径研究——基于 CNKI 数据库文献与 WOS 数据库文献的可视化比较

一、引言

电子技术是 20 世纪以来应用最广泛、发展最迅速的技术，而数字技术则是电子技术在 21 世纪最大的变革性发展。1995 年，尼葛洛庞帝（Negroponte）在他的《数字化生存》一书中预见性地提出了世界贸易将会由原子式交换跃升为比特式生存，并认为数字化生存将带来全球化、分权、赋权与追求和谐四个特质。从 1998 年开始，美国商务部重点关注数字经济的发展，陆续发布了如《浮现中的数字经济》（*The Emerging Digital Economy*）的数字经济发展报告。在我国，有许多学者提出了数字经济及数字技术的概念与关系。例如，李长江（2017）认为，数字经济是主要以数字技术方式运行的经济形态，可以将其视为数字技术导向的经济形态。邹水生（2021）认为，对数字经济内涵的解读以定义或非定义的方式，都着重强调了数字技术的重要性。

国内学者对商贸流通业的研究较多，如雷飞和刘进（2019）指出，三大经济带和全国对外开放水平、居民收入水平对商贸流通业发展水平提升具有显著的正向影响，商贸流通业与数字技术发展之间为正相关关系，应该加大三大经济带之间商贸流通业的交流，建立对口帮扶机制，加大数字技术对商贸流通业的影响力度。魏锦雯（2020）认为，数字资源被视为互联网时代企业发展的"新型石油"。就对数字要素需求极强的商贸流通业而言，数据驱动下的创新模式正在逐步成为影响商贸流通业增长的关建要素。对商贸流通业数字技术体系的建设，能够促进商贸流通业创新增长，进而促使整体经济效益平稳增长。商贸流通业涵盖的行业广泛，包含的业态多而复杂，其中流通业又作为国民经济的先导产业、基础性产业，是同时对提升全要素生产效率和就业具有比较高的贡献率的产业之一。因此，较多学者认为，在促进商贸流通业及商贸流通企业信息化、现代化和规范化的过程中，数据技术的应用及数据的升级已经成为重要的竞争领域之一（茅海军和魏君聪，2020；张文军，2021；华正欣，2021）。

本书运用 CiteSpace 软件绘制数字驱动下商贸流通业高质量发展研究的知识图谱，对中国知网（CNKI）数据库中收集的 1 499 篇文献和 WOS 数据库中收集的 922 篇文献进行梳理和总结，从而明确数字技术驱动下商贸流通业研究领域内的重要文献和知识基础，系统梳理国内外数字技术驱动下商贸流通业领域内的研究主题和演进趋势，从而期望可以为学者们进行数字技术和商贸流通业高质量发展研究等提供参考。

二、文献的基本特征

（一）数据来源及文献趋势

本书的文献数据是有关商贸流通类和数字技术类的期刊文献，中文文献来自 CNKI 数据库，外文文献来自 WOS 数据库，文献检索时间为 2021 年 7 月 1 日，检索年限为 2002—2021 年共计 20 年的相关文献，最后共计得到与主题相符合的相关研究文献 2 421 篇。

如图 3-1 所示，中文文献发文量大体呈现波动式增长，特别是 2014—2018 年文献发文量明显高于其他年份，这与新零售、物联网等热点有很大的关系，说明国内商贸流通的研究热点时事导向性较强。外文文献发文量波动较小，2002—2014 年的年发文量比较平稳地增加，2014 年之后保持较高的增长水平，2020 年更是达到了 210 篇的最高值，说明越来越多的专家学者投入了商贸流通的研究当中。

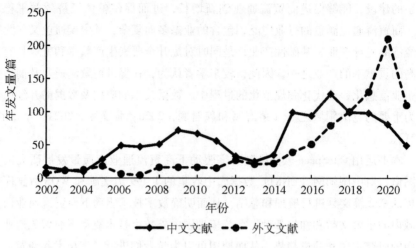

图 3-1　2002—2021 年国内外年发文量

（二）作者合作网络分析

从国内作者发文量来看，在数字技术与商贸流通领域共有文献 1 499 篇，共有作者 154 位，平均每位作者发文量为 9.73 篇。发文量排名前列的作者分别为任保平（24 篇）、曾庆均（11 篇）、柳思维（10 篇）、王先庆（8 篇）。从论文影响力来看，截至 2021 年 7 月 1 日，宋则和赵凯的《商贸流通服务业影响力及作用机制原理》的被引次数高达 124 次，下载次数为 1 748 次；李微和李宛洲的《基于数据仓库技术的进销存系统的设计与实现》的被引次数高达 114 次，下载次数为 1 744 次，但是各位学者的中心性皆为 0。从国外作者的发文量来看，发文较多的学者有 Rahul（11 篇）、Sangjae（7 篇）、Akter（4 篇）、Kassen（4 篇），其余学者发文量大多在 3 篇以下，各个学者之间的中心性为 0。

（三）国家与机构合作网络分析

在商贸流通业、数字技术、数字经济、新零售等领域，美国、中国、德国的发文量占据了 70%，中国的中心性为 0.45，美国与德国的中心性分别为 0.63 和 0.52，这是因为美国和德国作为发达国家，早在 20 世纪时，其"以市场为主"的宽松的产业政策为商贸流通业的发展创造了自由竞争的市场环境，极大地促进了商贸流通业的繁荣，因此美国和德国等商贸流通业比较发达的国家与其他国家在该领域的合作更为紧密。

近几年，在国内，商贸流通业、数字技术等领域相关研究比较具有代表性的机构有首都经济贸易大学、中南财经政法大学、西南财经大学、重庆大学、中国社会科学院大学、中国人民大学、重庆工商大学、浙江工商大学、西北大学等，并形成了以这几个机构为中心的科研团队。但是，包括这几个机构在内的所有机构的中心性都为 0，说明国内的各个机构对数字经济、数字技术以及商贸流通业的研究还未形成专业的研究团队，并且各个机构之间的合作与交流较为松散。

国外在商贸流通业、数字技术等领域内比较有代表性且发文数量较多的机构有剑桥大学、哥本哈根商学院、麻省理工学院、纽约大学、宾夕法尼亚大学等，除了剑桥大学的中心性为 0.03 外，其他机构的中心性都为 0。因此，国外研究机构的情况与国内相似，各自科研能力较强，但是各个机构之间的合作与交流不足，亟待加强合作与交流。

三、文献分析

（一）关键词共现

关键词可以较为直观地反映出某一领域内的研究热点与主题。因此，本书运用 CiteSpace 软件将中文文献和英文文献进行关键词共现、关键词聚类、关键词突现以及文献共被引分析，以期得到数字技术驱动商贸流通业高质量发展的研究热点主题。

本书运用 CiteSpace 软件对 CNKI 数据库的 1 499 篇文献进行关键词共现分析，设置时间参数为 2002—2021 年，时间切片为 1 年，节点类型设置为关键词，TOPN＝50，其他参数设置为系统默认设置。分析得到 494 个节点数、1 652 条连线数、密度为 0.013 6 的关键词共现网络图谱（见图 3-2、表 3-1）。本书运用 CiteSpace 软件对 WOS 数据库的 922 篇外文文献进行关键词共现分析，参数设置与 CNKI 数据库文献分析一致。运用 CiteSpace 分析得到 589 个节点数、2 448 条连线数、密度为 0.014 1 的关键词共现网络图谱（见图 3-3、表 3-1）。

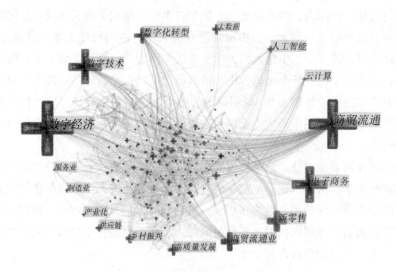

图 3-2　CNKI 数据库关键词共现网络图谱

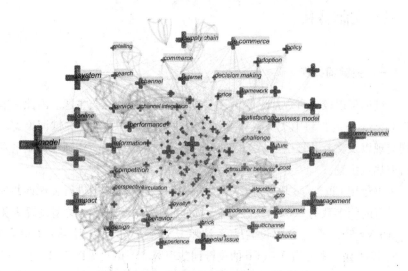

图 3-3　WOS 数据库关键词共现网络图谱

表 3-1　CNKI 数据库与 WOS 数据库中心性排名前十的关键词比较

序号	CNKI 数据库			WOS 数据库		
	关键词	中心性	频次	关键词	中心性	频次
1	商贸流通	0.75	302	business model（商业模式）	0.39	104

表3-1(续)

序号	CNKI 数据库			WOS 数据库		
	关键词	中心性	频次	关键词	中心性	频次
2	数字经济	0.59	490	big data（大数据）	0.22	62
3	电子商务	0.19	174	consumer（消费者）	0.08	21
4	新零售	0.18	287	e commerce（电子商务）	0.07	25
5	商贸流通业	0.12	118	impact（影响）	0.06	71
6	数字技术	0.1	169	supply chain（供应链）	0.06	37
7	高质量发展	0.09	48	information（信息）	0.05	43
8	供应链	0.06	29	performance（性能）	0.05	31
9	乡村振兴	0.05	46	behavior（行为）	0.05	30
10	大数据	0.05	28	omnichannel（全渠道）	0.04	86

如图 3-2、表 3-1 所示，首先，从出现的频次来看，数字经济的频次最高。在经济发展新形势下，信息资源依然成为影响经济发展的重要因素。从本质上来讲，数字经济是以创新为核心的一种经济形态（胡丽君，2021）。其次，从中心性来看，商贸流通的中心性最高，之后依次为数字经济、电子商务、新零售等。电子商务在数字技术未成熟的时代较为小众，属于商贸流通业中占比较低的部分，是零售业的一小部分（许亚宁和罗云彬，2020）。随着数字技术的发展，电子商务实现了飞速发展，新零售与电子商务息息相关。新零售是以互联网为基础，通过运用人工智能、大数据等技术手段，对商品销售、流通、生产过程进行改造升级的一种新的零售模式（潘悦，2021）。

由图 3-3、表 3-1 可知，关键词共现网络图谱的节点数及连线数较多，关键词的频次及中心性较低，因此可以看出，国外在商贸流通、数字经济等领域的研究热点与主题较为分散。首先，中心性排名靠前的关键词有 business model（商业模式）0.39，big data（大数据）0.22，consumer（消费者）0.08。

其次，从关键词出现的频次来看，business model（商业模式）频次最高，达到了 104 次。由以上数据可知，各个关键词之间的联系比较松散，关联性不高，在商贸流通业以及数字技术的研究网络内呈现的合作关系比较松散。当然，虽然从整体来说外文文献关键词的紧密性较弱，但是也有像 business model、omnichannel、big data 一类中心性与频次较高的关键词。在国外，衡量商贸流通业发展质量的指标主要有流通结构、经营模式、信息技术水平、人才素养以及现代化水平等（张逸墨，2016）。

（二）关键词聚类分析

关键词共现分析可以了解数字技术、商贸流通业领域内的研究热点，而关键词聚类分析可以将关键词共现网络图谱通过某些聚类算法，简化成数目较少的聚类，更加明确该领域内的研究热点与主题。

本书对 CNKI 数据库的 1 499 篇文献进行关键词聚类分析，依据关键词聚类分析步骤运行软件，即可得到如表 3-2 所示的 CNKI 数据库关键词聚类结果。

表 3-2 CNKI 数据库关键词聚类结果

聚类号	聚类大小	聚类名称	关键词
0	114	数字经济	数字经济、实体经济、社会运行、世界互联网大会、万物互联
1	104	商贸流通	商贸流通、公共产品、地区经济、新兴技术、发展研究
2	65	电子商务	电子商务、乡村振兴、精准扶贫、残障人士、用户画像
3	63	新零售	需求迁移、成本共担契约、双线服务质量、高质量增长、消费场景
4	53	商贸流通业	商贸流通业、指标体系、城乡二元结构、gmm 模型、乡村振兴
5	36	数字技术	商贸流通业、指标体系、城乡二元结构、gmm 模型、乡村振兴
6	15	互联网	商贸流通、创新机制、主成分分析、发展潜力
7	6	产教融合	高职院校、电子商务、"1+X" 证书制度、陕西工院
8	6	人才战	人才战、就业容量、数字经济、数字原住民

表 3-2 中聚类 Q 值为 0.465 7，S 值为 0.763 4，聚类结果显著。表 3-2 中共有数字经济、商贸流通、电子商务、新零售、商贸流通业、数字技术、互联网、产教融合、人才战 9 个聚类。笔者对表 3-2 中关键词聚类结果进行细致分析发现，数字经济、商贸流通、新零售、电子商务、数字技术等的聚类结构性较好。其中，数字经济领域内包含关键词实体经济、数字经济等，说明在数字经济领域对于实体经济的研究较多。在商贸流通领域内包含关键词地区经济、新兴技术、发展研究等，说明商贸流通业高质量发展离不开数字经济下强大的数字技术与信息化建设的支撑，同时也需要商贸流通业结构性变革的助力（陈湛，2021）。

本书对 WOS 数据库的 922 篇外文文献进行关键词聚类分析，参数设置同上，得到如表 3-3 所示的 WOS 数据库关键词聚类结果。

表 3-3　WOS 数据库关键词聚类结果

聚类号	聚类大小	聚类名称	关键词
0	101	omnichannel（全渠道）	全渠道、社交媒体、向量自回归、语境完整性、数字营销
1	89	big data（大数据）	循环、沿海地区、里湾、时频相关、敏感性分析
2	79	business model（商业模式）	互联网、数据分析、战略意义、小型企业、中小企业
3	55	retail operations（零售业务）	全渠道、渠道策略、生鲜产品、供应链
4	48	action research（行动研究）	行动研究、商业模式、开放的政府、设计科学、价值管理
5	30	medium（媒介）	介质访问控制、手机广告、通信协议、无线通信
6	19	access control（访问控制）	平交路口率、平均持续时间、移动衰落信道、凋残、信道建模
7	15	integration（集成）	集成、国际金本位制、两侧对称、logit 模型、收敛性
8	13	average duration（平均持续时间）	陆地移动无线蜂窝系统、陆地移动无线传播因素、移动通信

表 3-3 呈现出对 WOS 数据库的外文文献进行关键词聚类的结果，聚类 Q 值为 0.326 1，S 值为 0.601 3，聚类结果显著。表 3-3 中共有 omnichannel（全渠道）、big data（大数据）、business model（商业模式）、retail operations（零

售业务）等9个聚类。其中 omnichannel（全渠道）聚类结构性最好，该领域内包含关键词全渠道、社交媒体、向量自回归、语境完整性、数字营销等。在 business model（商业模式）领域中包含关键词互联网、数据分析、战略意义、小型企业、中小企业。正如学者平静（2019）所指出的，国外的商贸流通业研究大多是以中小型企业作为研究对象而展开的，这与国外的宏观经济环境及政府扶持政策息息相关。国外的研究更侧重微观视角的研究，而国内的研究更侧重宏观视角的研究。

（三）关键词突现分析

关键词突现分析是在关键词共现分析的基础上展开的，由此关键词又被称为突现词。掌握某一研究领域的突现词可以用来解读该领域在某一时段内的研究趋势。

本书对 CNKI 数据库的中文文献进行关键词突现分析，设置阈值 γ 为 0.8，最短持续时间（minimum duration）为 2 年，得到了如表 3-4 所示的 CNKI 数据库关键词突现数据。

表 3-4　CNKI 数据库关键词突现数据

序号	关键词	突现强度	开始时间	结束时间
1	数字技术	14.394 2	2002	2014
2	空间杜宾模型	11.149 6	2002	2016
3	数字鸿沟	10.933 0	2002	2015
4	反垄断法	6.765 8	2002	2015
5	双线服务质量	6.765 8	2002	2015
6	协调	6.765 8	2002	2015
7	区域创新	6.756 4	2002	2016
8	创新绩效	6.756 4	2002	2016
9	人口老龄化	6.756 4	2002	2016
10	低碳经济	6.756 4	2002	2016
11	合理原则	6.566 1	2002	2014
12	数字化转型	2.650 1	2002	2014
13	商贸流通	43.031 2	2015	2019
14	现代化	3.017 8	2016	2017

表3-4(续)

序号	关键词	突现强度	开始时间	结束时间
15	新常态	3.017 8	2016	2017
16	区域经济	4.850 8	2017	2019
17	服务业	2.570 6	2017	2021
18	数字经济	16.128 7	2018	2019
19	人工智能	4.939 2	2018	2021
20	实体经济	3.797 0	2018	2021

表3-4共有20个关键词，在突现时间较长的关键词中，数字技术的突现强度最高为14.394 2，空间杜宾模型、数字鸿沟等关键词的突现强度均在10以上。由此可以看出，数字技术、空间杜宾模型、数字鸿沟、反垄断法、双线服务质量等关键词为2002—2016年国内商贸流通业及数字技术方面的研究热点。赵皎云和林振（2021）在数字化发展下商贸流通业的变革路径中提道，自20世纪90年代起，中国的数字技术开始发展，国内对于数字技术的研究也开始增加。在突现年份较短的关键词中，商贸流通的突现强度最高为43.031 2，其次是数字经济。李宗显和杨千帆（2021）指出，想要在数字技术时代享受数字经济的发展红利，必然要进一步加深与数字经济的融合度，因此商贸流通业想要进行高质量发展也必然要加深与数字经济的契合度。

本书对WOS数据库的英文文献进行关键词突现分析，设置阈值γ为0.8，最短持续时间（minimum duration）为2年，得到了如表3-5所示的WOS数据库关键词突现数据。

表3-5　WOS数据库关键词突现数据

序号	关键词	突现强度	开始时间	结束时间
1	circulation（循环）	6.134 4	2003	2015
2	climate change（气候变化）	4.300 4	2003	2016
3	ocean（海洋）	3.568 1	2003	2017
4	air flow（空气流）	2.680 1	2003	2014
5	business cycle（商业周期）	2.501 2	2004	2009
6	model（模式）	3.062 1	2008	2013
7	variability（可变性）	2.862 1	2011	2016

表3-5(续)

序号	关键词	突现强度	开始时间	结束时间
8	big data（大数据）	6.020 1	2012	2017
9	quality（质量）	3.213 4	2012	2013
10	internet channel（互联网渠道）	3.175 3	2013	2015
11	trade（贸易）	3.816 4	2015	2016
12	customer（客户）	3.398 9	2015	2019
13	adoption（采用）	3.294 0	2015	2018
14	multichannel customer management（多渠道客户管理）	4.185 3	2015	2018
15	privacy（隐私）	3.384 8	2016	2018
16	market（市场）	2.905 8	2016	2017
17	simulation（模拟）	2.735 5	2017	2019
18	dynamics（动力学）	2.665 4	2017	2018
19	omnichannel（全渠道）	2.961 3	2018	2019
20	product（产品）	2.961 3	2018	2019

由表 3-5 可知，突现时间较长的关键词 circulation（循环）、climate change（气候变化）、ocean（海洋）等说明国外在 20 世纪初期的研究中，对数字技术的研究重点聚集自然地理。突现时间较短的关键词 variability（可变性）、big data（大数据）、quality（质量）、internet channel（互联网渠道）等说明，随着数字技术的发展，国外对数字技术应用的研究重点正在向提升商贸流通业发展质量、改善消费者体验、提高顾客满意度转变。

（四）文献共被引分析

由于 CiteSpace 软件只能对 WOS 数据库的文献进行共被引分析，因此本书在文献共被引分析中只分析 WOS 数据库的外文文献。本书运行 CiteSpace 软件，将节点类型参数设置为文献共被引，其他参数设置同上，即可得到如图 3-4、表 3-6 所示的 WOS 数据库文献共被引结果。

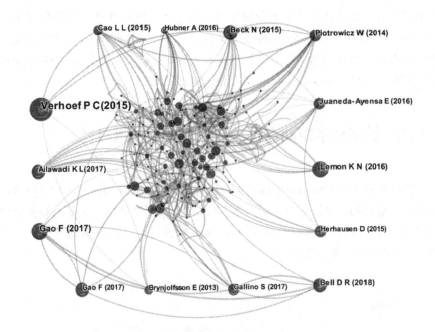

图3-4 WOS 数据库文献共被引网络图谱

表3-6 WOS 数据库共被引次数排名前十的文献

序号	文献信息	共被引次数/次	中心性	年份
1	Verhoef P C	97	0	2015
2	Gao F, 2017	49	0.01	2017
3	Lemon K N, 2016	40	0.01	2016
4	Bell D R, 2018	33	0.01	2018
5	Beck N, 2015	33	0.02	2015
6	Juaneda Ayensa E, 2016	29	0.01	2016
7	Ailawadi K L, 2017	27	0.04	2017
8	Cao L L, 2015	25	0.01	2015
9	Piotrowicz W, 2014	25	0.01	2014
10	Gallino S, 2017	24	0.02	2017

从图3-4和表3-6可以看出，在国外的数字技术及商贸流通业高质量发展的研究中，学者 Verhoef P C（2015）的文献的共被引次数最高，但总体共被引文献中心性较差。对其进行聚类，聚类 Q 值为 0.401 2，S 值为 0.613，聚

类效果显著。通过聚类结果的分析可知，国外在商贸流通业领域内的研究有 strategic consumer behavior（策略性消费行为）、circulation industry（流通业）、data analysis（数据分析）等，在数字技术、数字经济领域内的研究有 big data（大数据）、technological applications（技术应用）等。

四、数字技术驱动商贸流通业发展的演进路径

国内外数字技术驱动商贸流通业高质量发展理论研究的演进路径可以通过 CiteSpace 软件的时区图进行分析。本书对 CNKI 数据库的中文文献进行关键词时区图分析，参数设置同上，运行 CiteSpace 软件进而可以得到如图 3-5 所示的 CNKI 数据库文献关键词时区图。

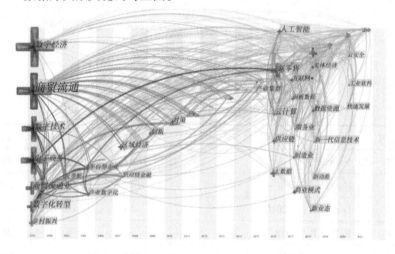

图 3-5　CNKI 数据库文献关键词时区图

从图 3-5 可以看出，数字经济、商贸流通、数字技术、电子商务等关键词位于 2002 年的时区中，并且频数较大。这表明，在 20 世纪初期国内就开始了对数字技术及数字经济的研究。随着云计算、大数据、区块链以及人工智能等数字技术逐渐发展，数据日渐成为行业及企业整合资源、优化消费者体验以及提升综合竞争能力的一项重要资源（陈衍泰和罗海贝，2021）。目前，我国正在通过数字技术帮助商贸流通类企业建立数字化管理系统，致力于通过新兴技术在国际上打造出一批强大的中国自主品牌（林园和王英凯，2020）。

本书对 WOS 数据库的外文文献进行关键词时区图分析，参数设置同上，

运行 CiteSpace 软件进而可以得到如图 3-6 所示的 WOS 数据库文献关键词时区图。

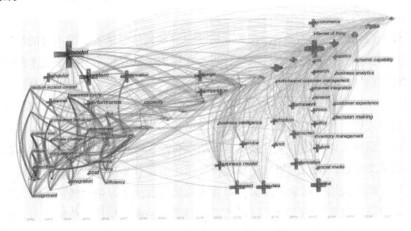

图 3-6　WOS 数据库文献关键词时区图

由图 3-6 可知，国外在 20 世纪初期便出现如 innovation（创新）、system（系统）、channel（渠道）以及 performamce（性能）等频数较高的关键词。近些年的研究出现了 big data（大数据）、information（信息）等频数较高的关键词。这说明，国外对商贸流通业的研究一直比较重视商业模式及渠道和消费者管理的研究，近年来更加注重数字技术的研究。

五、研究结论与展望

（一）研究结论

在文献趋势方面，本章通过对国内外文献的年发文量进行分析，发现国内在数字技术及商贸流通业领域的年发文量波动较大，且国内年发文量的波动与各年份的热点有关。在国外，数字技术及商贸流通业研究方面的年发文量呈现平稳增长的趋势，国外对该领域的研究随着数字技术及整体经济的发展逐步向前推进。

在作者合作网络、国家与机构合作网络方面，国内外各位学者之间的中心性都为 0，表明无论是国内还是国外，各位学者之间都未形成较为紧密的合作。在国家与机构合作网络方面，相关领域的研究主要以中国、美国、日本三个国家为主。在研究机构方面，国内形成了以首都经济贸易大学、中国人民大学等机构为中心的科研团队。国外形成了以剑桥大学、哥本哈根商学院等机构为中心的科研团队。无论是国内还是国外的研究机构中心性都为 0，表明各研究机构之间的合作与交流不强。

以关键词的共现、聚类以及关键词的突现和共被引来看，国内外的研究存在明显的差异。首先是关键词共现分析。在国内，数字经济及数字技术的研究已然成为商贸流通业高质量发展的研究热点，以数字技术为核心的高新技术正在应用于商贸流通领域，引起了商贸流通业创新升级。在国外，关于数字技术驱动商贸流通业高质量发展的研究热点大多集中于对商业模式的升级、大数据的应用、消费者体验感的提升以及全渠道零售与供应链的完善等领域。其次是关键词聚类分析。国内的研究正在将各种新兴数字技术应用研究与商贸流通业高质量发展研究结合起来，商贸流通业高质量发展离不开数字经济下强大的数字技术与信息化建设的支撑，同时还需要商贸流通业结构性变革的助力。国外的研究对全渠道的关注在整个商贸流通业的研究中占有重要地位，且注重全渠道零售数字化与供应链管理的研究。最后是关键词突现和文献共被引分析。随着数字技术的发展，对商贸流通业的研究也更加深化和细化。国外对数字技术应用的研究重点正在从自然地理科学向提升商贸流通业发展质量、改善消费者体验、提高顾客满意度上转变。在文献共被引分析中，学者 Verhoef P C（2015）的文献共被引次数最高，在国外的数字技术及商贸流通业的研究中具有重要影响。

在数字技术驱动商贸流通业发展的演进路径方面，国内在 20 世纪初期开始了对数字技术及数字经济的研究，并随着云计算、大数据、区块链以及人工智能等数字技术逐渐发展，数据日渐成为行业及企业整合资源、优化消费者体验以及提升综合竞争力的一项重要资源。但是，关于数字技术应用于商贸流通业的研究近些年才开始大量出现。国外关于商贸流通业高质量发展的研究开始时间更早，更加注重从渠道、消费者以及供应链等途径来提升发展质量，逐渐演进到了通过数据驱动的方式提高发展质量的研究。

（二）研究展望

在数字技术应用研究方面，虽然近些年国内也开始将数字技术运用到商贸流通业高质量发展的研究之中，但是国内关于数字技术应用研究的文献还不是很多（黄义兵和刘玉林，2018）。因此，国内在商贸流通业高质量发展的研究中，可以倾向于研究商贸流通业的数字化水平情况及数字资源库的建设情况等，将数字技术应用到商贸流通企业中，提升企业软硬件的使用效率，实施数字化管理模式，建立上下游客户订货网络、电子结算系统等。

在提升消费者体验方面，在如今互联网快速发展的时代，信息技术的不断创新升级，极大降低了消费者数据采集的难度，并且随着物质生活条件的不断改善，消费者也越来越追求高质量的生活水平，追求与众不同（郭俊辉和张军，2021）。因此，学者们可以联合开展对数字化管理水平与应用能力的研究，以消费者为中心，将数字化技术应用到顾客沟通、终端配送、商品交易、售后服务以及消费体验中，形成消费数字化与服务多元化的研究体系，全方位满足消费者多样化需求，以提升消费者体验感，促进商贸流通业高质量发展。

在产业结构和经济增长方式数字化转型方面，首先，研究者可以聚焦通过数字技术来变革我国商贸流通业的增长方式。其次，增长方式的转变又可以优化我国商贸流通业的行业结构。一方面，政府需要完善相关基础设施，进行产业创新发展的中长期规划，为商贸流通类中小企业建立产业园区，有效整合各类数据以及流通资源（丁倩兰和张水旺，2020）。另一方面，商贸流通类企业可以通过大数据驱动作用，逐渐实现虚拟现实（VR）、5G、人工智能等新兴数字技术在企业实际运营中的应用；同时还可以改变传统的营销模式，为企业打造出基于大数据驱动的自媒体"互动对接–信息传播"的平台（李文涛，2021）。因此，学者们还可以基于数字创新发展及新冠肺炎疫情常态化防控的变化，寻找新的角度来研究商贸流通业高质量发展问题。

本章小结

随着中国数字技术发展的不断成熟，就对数字资源需求较大的商贸流通业而言，数据驱动下的产业结构的数字化转型与商业模式的创新正在逐步成为商贸流通业高质量发展的关建要素。因此，本章通过 CiteSpace 软件对 CNKI 数据库的 1 499 篇中文文献和 WOS 数据库的 922 篇英文文献进行可视化分析。研究发现：数字技术驱动商贸流通业高质量发展理论研究的热点有数字技术对零售业质量提升的作用、电子商务与直播经济、数字技术促进新业态的出现、智能化对服务新功能的改进以及数字技术与消费者行为的关系等，中外学者研究的侧重点有明显差异。未来的研究趋势包括数字技术实际应用、产业数字化转型升级、农产品跨境电子商务和互联网金融下乡以及数字型人才培养等。

第四章　商贸流通业高质量发展及数字化转型的动力机制研究——基于 CNKI 数据库文献与 WOS 数据库文献的可视化比较分析

一、引言

2020 年 9 月，习近平总书记在中央财经委员会第八次会议上强调，构建新发展格局，必须把建设现代流通体系作为一项重要战略任务来抓。商贸流通业作为现代服务业的重要组成部分之一，其数字化发展进程反映了社会经济的发展水平。2020 年，中国社会消费品零售总额为 391 981 亿元，网上零售额为 117 601 亿元，相较于 2019 年增长了 10.9%。其中，实物商品网上零售额为 97 590 亿元，占社会消费品零售总额的比重为 24.9%①。由此可见，网购已经成为消费者重要的消费方式。2021 年 4 月，商务部、市场监管总局联合印发的《商务部 市场监管总局关于开展国家级服务业标准化试点（商贸流通专项）的通知》中提出，商贸流通提质增效方向重点围绕流通设施改造升级、流通方式创新、流通主体培育等方面，以标准化推动流通新技术新业态新模式发展，推进绿色化、数字化、智能化改造和跨界融合。在生产与消费之间，中国商贸流通业在数字经济发展、拉动经济增长等方面有效地发挥了桥梁和纽带作用（郭莹，2017；李加奎等，2021）。数字技术的应用，推动了产业转型升级，是生产效率提升的必要环节（肖旭等，2019；祝合良等，2020）。通过定量分析的方法，吴兆喆（2019）证明了中国商贸流通业产值的增加与网络零

---

① 数据来源：国家统计局《中华人民共和国 2020 年国民经济和社会发展统计公报》。

售市场规模的扩大互为格兰杰因果关系，两者之间的脉冲响应函数也与中国网络零售市场的发展特征相符。因此，网络零售市场的蓬勃发展势必带动商贸流通业高质量发展。吕腾捷（2019）通过构建综合指标体系发现新零售显著促进商贸流通业高质量发展，且引发变量变动超过自身变动。魏锦雯（2020）的研究认为，中国商贸流通业应该通过深层次优化信息系统掌握核心竞争力，建立以数据驱动创新为基础的"飞轮结构"，进而构建"选择-用户-流量-供应"的良性循环渠道。陈娟和吕波（2021）的研究认为，数字技术作为当今经济社会重要的生产要素，是构建"双循环"新发展格局的有力支撑。连锁经营数智化推动着新模式的出现，实现了经济发展的动力变革、效率变革以及质量变革。综上所述，商贸流通业数智化是时代发展的必然趋势，不仅可以适应消费者多元化消费偏好的变化，还能优化资源配置、充分释放人力效能、提高经济发展效率。

随着"一带一路""双循环"新发展格局等的提出，学者们更加关注数字技术对商贸流通业驱动效应的学术价值和实践价值，为了更好地了解商贸流通业数字化转型与高质量发展，本书将 CNKI 数据库和 WOS 数据库作为数据来源，根据洪涛对现代商贸流通业的分类法，分别以"商贸流通业数字化""新零售""电子商务""数字物流""会展业数字化""digital retail""intelligent retail"等关键词作为搜索主题词，之后根据文献的标题、摘要、发表期刊等信息筛选出有效文献 299 篇，其中 CNKI 数据库文献 206 篇、WOS 数据库文献 93 篇。本书将两个数据库的文献按照机制导入 CiteSpace 软件进行可视化分析，对 2017—2021 年的数字技术驱动商贸流通业高质量发展的机制研究热点进行了梳理，并基于此探讨未来商贸流通业数字化的发展方向，以期为后续研究提供一点参考。

二、文献的 CiteSpace 软件分析工具

（一）作者、机构与国家合作网络分析

通过对作者、机构与国家合作网络分别进行分析，我们可以找出相关领域内研究具有一定成效的学术团队、机构和国家，还可以通过中心性判断合作的稳定性。

（二）关键词共现分析理论

通过对关键词进行共现分析，我们可以找到出现频次和中心性较高的关键词，从而发现相关领域的研究重点和热点。一般认为，当某个关键词的中心性超过 0.1 时，说明该关键词是比较重要的。

（三）关键词聚类分析理论

通过对关键词进行聚类分析，我们可以找到关键词所属领域。一般认为，如果关键词聚类结果中的聚类平均轮廓值大于 0.3，说明该聚类的结构显著；如果聚类平均轮廓值大于 0.5，说明该聚类的结构是合理的；如果聚类平均轮廓值大于 0.7，说明该聚类的结构是令人信服的。

（四）关键词突现分析理论

通过对关键词进行突现分析，我们可以发现某个领域突现强度较高、突现时间较长和目前正在突现的关键词，从而找到该领域不同时间段的重点研究对象。

（五）关键词时区图分析理论

通过对关键词时区图分析，我们可以得知相关领域研究热点在不同年限的变化，从而找到其演进路径，预测该领域未来的发展方向。

三、文献整体趋势

20 世纪 90 年代，互联网在西方发达国家开始普及。20 世纪初，学者们开始针对传统零售业和传统物流业提出数字化改革与转型。电子商务的出现打破了传统零售的时间限制和空间限制，不仅为商贸流通业的发展注入了活力，还加快了物流业数字化转型的进程。毕波（2020）认为，电子商务改变了传统国际贸易的格局，促进了业务协同和资源共享。电子商务能简化供应链环节，用电子流代替实物流，实现零售业资源的重组，降低了流通成本（孙锦礼，2016；朱理和李元等，2018）。陈静（2020）认为，物流业应持续推进数字化创新和深化供给侧结构性改革，以顺应电子商务的高速发展。张则强等（2003）认为，虚拟物流、智能物流、信息化物流以及物流技术等都是数字物流的关键技术。

随着大数据、区块链等数字技术的运用范围逐渐扩大，传统电子商务的变现渠道仅依靠自身平台流量，而新零售打破了传统的单一变现方式，利用线上多元化的引流渠道进行品牌推广，实现线上、线下和现代物流的集成，提升商贸流通业的经济效能。商贸流通业数字化发展的动力机制研究呈现持续增长的状态。同时，数字技术与人工智能技术的融合发展推动了会展业、物流业等行业从数字化转型迈向数智化转型，经营理念从以产品为中心转变为以消费者为中心，顺应消费者偏好的时代变化。

四、商贸流通业数字化转型的动力机制：文献比较研究

（一）文献基本特征分析

1. 作者合作网络分析

在商贸流通业数字化发展机制研究领域，刘启雷发表了5篇文章，尹西明、张媛等人发表文章数量为2篇及以上，形成了以刘启雷、付晓东、任保平等为中心的学术团队，但各学者的中心性均为0，学者之间的合作比较松散。国外学者中只有 Elena 发表了2篇文章，其余学者均为1篇，形成了以 Elen、Kseniya Kovalenko 等为中心的学术团队。

2. 国家和机构分析

在商贸流通业数字化发展机制研究领域，有3个国家的中心性大于0.1，分别是中国、美国和巴基斯坦。中国、美国和俄罗斯3个国家发表的文章数量均超过10篇。

北京理工大学发表了5篇文章，广东理工学院发表了3篇文章，中国社会科学院大学、西南大学等均发表了2篇文章。国外有 Financial University Govt Russian Federat（俄罗斯联邦金融大学）、Florida State University（佛罗里达州立大学）、Tilburg University（蒂尔堡大学）等机构对该领域进行研究。然而，国内与国外所有高校的中心性均为0，这表明各大高校之间的合作处于比较松散的状态，应该加强合作，建立稳定的合作关系。

（二）关键词共现分析

本书对250篇 CNKI 数据库文献进行关键词共现分析，形成了一个由170个网络节点、304条网络连接所组成的，密度为0.021 2的关键词网络。从图4-1和表4-1可以看出，数字经济的出现频次最高且中心性最强。从中心性的角度来看，共有11个关键词的中心性大于0.1，分别是数字经济、电子商

务、商贸流通、数字贸易、新零售等。

本书对 91 篇 WOS 数据库文献进行关键词共现分析，形成了一个由 148 个网络节点、324 条网络连接所组成的，密度为 0.029 8 的关键词网络。从图 4-2 和表 4-1 可以看出，trust（信任）的中心性最高，benefit（福利）的中心性排名第二，digital economy（数字经济）的出现频次最多。电子商务虽然打破了时间与空间的局限，但顾客在购买前无法看见实物，容易引起顾客的信任度指数降低的问题。因此，电商平台应该为保障客户权利提供相应的服务。目前，常见的有运费险、七天无理由退换货等。

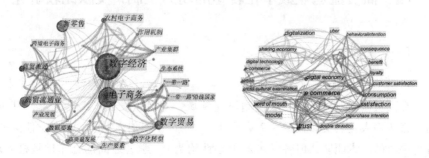

图 4-1　CNKI 数据库关键词网络　　　图 4-2　WOS 数据库关键词网络

表 4-1　CNKI 与 WOS 数据库关键词中心性的比较

排名	CNKI			WOS		
	关键词	中心性	出现频次	关键词	中心性	出现频次
1	数字经济	0.62	55	trust（信任）	0.28	9
2	电子商务	0.38	35	benefit（福利）	0.19	2
3	商贸流通	0.34	41	digitalization（数字化）	0.17	4
4	数字贸易	0.25	21	digital economy（数字经济）	0.16	13
5	新零售	0.21	20	service（服务）	0.16	2
6	商贸流通业	0.20	16	model（模型）	0.14	4
7	消费金融	0.17	2	consequence（结果）	0.13	2
8	互联网	0.16	3	management（管理）	0.12	4
9	产业结构	0.13	3	consumption（消费）	0.10	3
10	农村电子商务	0.13	10	e-commerce（电子商务）	0.09	5
11	作用机制	0.12	6	system（系统）	0.09	2

通过比较 CNKI 和 WOS 数据库文献的关键词中心性结构可以看出，国内学术界注重研究商贸流通业中重点行业数字化发展对优化产业结构的作用机制，国外学术界注重研究商贸流通业数字化发展对福利、顾客信任等的影响机制。

（三）关键词聚类分析

CNKI 数据库文献的关键词形成了较为重要的聚类，聚类模块值（Q）为 0.687 6，聚类平均轮廓值（S）为 0.893 5，说明 CNKI 数据库文献的关键词聚类结构显著且令人信服。CNKI 数据库文献的关键词聚类主要集中在数字技术、电子商务、商业综合体等领域（见表 4-2）。区块链、云计算等数字技术构建了一个高效的经济网络，推动了多个行业之间的协同运作，逐渐形成了现代商业综合体。于丞（2018）认为，商贸流通业应该跨界创新发展，利用互联网技术加快自身改造，大力发展智能经济、共享经济、体验经济和社群经济等新型商贸流通业态。

WOS 数据库文献的关键词形成了较为重要的聚类，聚类模块值（Q）为 0.701 8，聚类平均轮廓值（S）为 0.921 4，说明 WOS 数据库文献的关键词聚类结构显著且令人信服。WOS 数据库文献的关键词聚类结果中提到了 moderating mechanism（调节机制）、signaling mechanism（信号机制）、digital technologies（数字技术）以及 sharing economy platform（共享经济平台）等（见表 4-2）。许正中在人民网强国论坛上谈到，发展数字经济时应该重视共享经济业态的培育，这有利于更好地实现数字共享。随着各行业之间合作的加深，传统资源的减少和数字资源的增多，"共享经济+数字经济"将有力地推动我国经济转型升级。无论是"智能经济+数字经济"，还是"共享经济+数字经济"，商贸流通业新业态之间的融合发展都已经成为必然趋势。

表 4-2　CNKI 和 WOS 的关键词聚类

排名	CNKT 数据库		WOS 数据库	
	聚类名称	聚类序号	聚类名称	聚类符号
1	数字技术	#0	moderating mechanism（调节机制）	#0
2	电子商务	#1	world experience（世界经验）	#1
3	商业综合体	#2	signaling mechanism（信号机制）	#2

表4-2(续)

排名	CNKT 数据库		WOS 数据库	
	聚类名称	聚类序号	聚类名称	聚类符号
4	"一带一路"	#3	sharing economy platform（共享经济平台）	#3
5	动力机制	#4	eser system（eser 系统）	#4
6	协同运作机制	#5	digital technologies（数字技术）	#5
7	跨境电子商务	#6	future digital business economy（未来数字商业经济）	#6
8	生态系统	#7	innovative potential（创新潜力）	#7
9	消费金融	#8	consumers perception（消费者感知）	#8

本书通过分析 CNKI 和 WOS 关键聚类结果可以发现，国内学者侧重研究商贸流通业数字化发展的动力和各产业间的合作关系，国外学者侧重研究商贸流通业数字化发展过程中各要素的调节、根据世界经济发展的经验预测未来的数字商业经济。

（四）关键词突现分析

本书对 CNKI 数据库文献的关键词进行突现分析时，将阈值 γ 设为 0.6，最短持续时间（minimum duration）设为 1 年，得到 19 个关键词（见表 4-3）。其中，商贸流通突现强度为 3.27，排名第一，之后分别为新零售、跨境电子商务、创新机制以及产业集群等。商贸流通业是连接消费与生产的桥梁，是国民经济增加的重要影响因素。商贸流通业通过数字技术赋能可以促进产业结构升级，更好地满足消费者多元化需求。陈文晶（2017）认为，商贸流通业应该在明确自身先导作用的基础上创新发展机制，加强信息化建设，从而刺激内需。陈默和胡绪华（2019）利用面板分位数模型分析了 31 个省（自治区、直辖市）12 年的数据，得出产业升级和技术进步对商贸流通业的再发展具有正向影响的结论。

表 4-3　CNKI 数据库文献的关键词突现情况

序号	关键词	突现强度	突现开始时间	突现结束时间
1	商贸流通	3.27	2017	2018
2	创新机制	1.78	2017	2017
3	产业集群	1.38	2017	2018
4	新常态	1.18	2017	2017
5	供给侧和需求侧	0.9	2017	2019
6	互联网	0.9	2017	2019
7	跨境电子商务	2.04	2018	2019
8	转型升级	1.13	2018	2018
9	消费金融	1.13	2018	2018
10	电子商务	1.06	2018	2018
11	新零售	2.47	2019	2019
12	管理机制	1.07	2019	2019
13	农产品供应链	1.07	2019	2019
14	信息不对称	1.07	2019	2019
15	农产品电子商务	1.07	2019	2019
16	机制	1.07	2019	2019
17	大数据	1.15	2020	2021
18	生产要素	1.15	2020	2021
19	运行机制	1.15	2020	2021

本书对 WOS 数据库文献的关键词进行突现分析时，将阈值 γ 设为 0.5，最短持续时间（minimum duration）设为 1 年，得到 20 个关键词（见表 4-4）。由表 4-4 可知，trust（信任）突现强度最高，之后依次是 e-commerce（电子商务）、word of mouth（口碑营销）、digital economy（数字经济）等。

表 4-4　WOS 数据库文献的关键词突现情况

序号	关键词	突现强度	突现开始时间	突现结束时间
1	trust（信任）	2.5	2017	2018
2	satisfaction（满意度）	1.07	2017	2018

表4-4（续）

序号	关键词	突现强度	突现开始时间	突现结束时间
3	loyalty（忠诚）	1.04	2017	2017
4	network（网络）	1.04	2017	2017
5	e-commerce（电子商务）	1.56	2018	2018
6	word of mouth（口碑营销）	1.35	2018	2018
7	digital economy（数字经济）	1.28	2019	2019
8	digitalization（数字化）	1.19	2019	2019
9	algorithm（算法）	0.94	2019	2019
10	uber（超级）	0.94	2019	2019
11	economic growth（经济增长）	0.94	2019	2019
12	sharing economy（共享经济）	0.94	2019	2019
13	innovation（创新）	0.94	2019	2019
14	governance（治理）	0.94	2019	2019
15	e-commerce（电子商务）	1.15	2020	2021
16	strategy（策略）	1.01	2020	2021
17	policy（政策）	1.01	2020	2021
18	impact（影响）	1.01	2020	2021
19	revenue（收入）	1.01	2020	2021
20	service（服务）	1.01	2020	2021

在商贸流通业数字化发展过程中，创新机制是国内外共同的研究热点，技术创新加快了演进进程。国内学者还注重消费金融对数字化进程的影响及供应链的改革，国外学者注重政策影响和治理等问题。

（五）关键词时区图分析

从图4-3可以看出，2020年之前，国内学术界关于商贸流通业数字化发展机制研究的侧重点为商贸流通业发展的动力机制、创新机制以及转型升级过程中的影响因素等；2020年之后，国内学术界研究的侧重点为商贸流通业数字化高质量发展的治理机制等。从金融业对商贸流通业数字化发展的影响角度来看，学者们的关注点从消费金融和供应链金融的影响程度逐渐转移到数字金融方面，各产业紧跟时代经济潮流，逐步实现数字化转型。

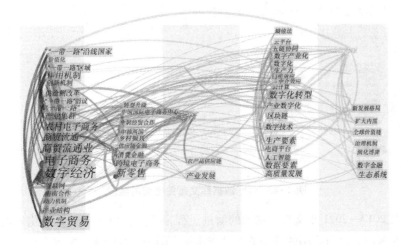

图4-3　CNKI数据库文献关键词时区图

其中，"一带一路"在2017年被国内学术界多次提及。2017年5月，第一届"一带一路"国际合作高峰论坛在北京举行，"一带一路"倡议为商贸流通业的发展提供了巨大的机遇。我国与"一带一路"沿线国家2020全年的货物贸易额为1.35万亿美元，占我国外贸总额的29.1%。2017年12月，我国与阿联酋、泰国等多个国家签订了《"一带一路"数字经济国际合作倡议》，这有利于完善网络基础设施，培育数字创新型人才，为多国协同发展数字经济注入了新的活力。路茜滢（2021）认为，在"一带一路"倡议的背景下，我国可以寻找合作伙伴共同培育相互依存的数字化生态系统，深化供给侧结构性改革。

从图4-4不难发现，2019年之前，国外学术界对商贸流通业领域的研究主要围绕消费者展开，如消费者的购买意图、买卖双方的关系、消费者评论等，同时还探讨了商贸流通业数字化发展带来的双重经济效应等；2019年之后，国外学术界的研究不仅提到了数字技术创新、共享经济，还提到了非典型就业等。美国2019年的失业率处于较低水平，新增非农部门的就业岗位为30.4万人。

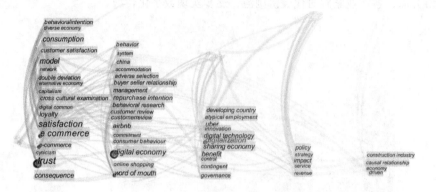

图 4-4　WOS 数据库文献关键词时区图

从 2017—2021 年文献关键词的演进过程来看,商贸流通业数字化发展的研究在国内始终与我国的发展战略紧密相关。例如,我国通过发展农村电子商务,整合与升级农产品供应链等实现脱贫攻坚,推动乡村振兴,从产业数字化高速发展到高质量发展转变。国外的研究主要围绕体验经济展开。

五、研究结论与展望

(一) 研究结论

本书通过对商贸流通业数字化高质量发展机制的相关文献进行基本特征分析、关键词共现分析、聚类分析、突现分析、关键词时区图分析,可以得到以下结论:

第一,在文献数量和主题方面,商贸流通业数字化发展领域的文献伴随着数字技术的创新和发展进一步细分与转移,从最初的电子商务到数字物流再到新零售。随着全球价值链的完善与成熟,学术界对多个行业协同发展的研究逐渐增加。作为热点话题,新零售的发展离不开现代物流体系的完善。会展业受新冠肺炎疫情的影响,"线上会展"领域具有极大的发展空间。因此,关于新零售、数字物流、智慧会展三个主题的研究数量会呈现上升趋势。

第二,在作者、机构和国家合作网络方面,虽然部分学者已发表多篇文章,国内外逐渐形成了一批专业化的研究团队,但大部分学者之间的合作还是较为松散的,跨机构合作少。就国家方面而言,中国与美国对商贸流通业领域的研究具有重要意义,这是因为中美两国长期居于全球商品进出口总额的前三位。国内外学术界的研究侧重点略有差异。国内学者倾向于研究数字化发展过程中产业结构的优化、动力机制和溢出效应等，国外学者倾向于研究数字化发展过程中对顾客体验的影响和最优算法等。

第三，在商贸流通业数字化发展的机制研究领域，其关键词共现结果主要包括了数字经济、电子商务、数字贸易、新零售等主题。学者们通常从商贸流通业的先导机制、创新机制以及数字技术对该发展过程的作用机制等方面入手，通过对这些主题的研究，可以了解到商贸流通业数字化的演进过程和影响因素。商贸流通业数字化发展的关键词聚类分析中包含数字技术、商业综合体以及生态系统等。数字技术作为商贸流通业高质量发展的动力机制，优化了产业结构，提高了产业效率，促进了产业协同发展。商贸流通业数字化发展的关键词突现分析中提到了产业集群、农产品供应链、供给侧和需求侧等。随着大数据、物联网等技术的应用程度加深，在商贸流通业的数字化转型升级过程中，学者们通过分析该产业发展过程中的运行模式，找出适合各阶段的管理机制。

（二）研究展望

通过上述分析，再结合相关文献的内容，本书认为，未来数字技术驱动商贸流通业高质量发展的机制、效应和路径的研究主要向以下方向发展。

第一，关于商贸流通业数字化转型动力机制的研究。互联网的普及使全球范围内形成一张巨大的信息网，加强各产业间的联系，推动产业综合体的形成。在先导机制方面，商贸流通业不仅是国民经济中最大的服务业部门，还是国民经济中的先导产业。商贸流通业的数字化发展能够提高运行效率，特别是流通业和零售批发业，还能加强城市与农村、农业与工业之间的联系，引导生产与消费，加快供应链的整合。在动力机制方面，每一次技术革新都是对商贸产业生态圈的重塑。物联网、大数据等数字技术进步推动商贸流通业的转型升级，居民消费偏好转移也会提升商贸流通业数字化发展的效率。

第二，关于商贸流通业数字化发展效应的研究。目前，学者们针对该领域的研究通常围绕中介效应和溢出效应展开，但随着生产技术的创新和全球价值链的重塑，中介效应和溢出效应的对象在不断变化。随着时代的发展，消费者偏好改变，对品牌、商品品类以及消费价值取向等发生转移，呈现多元化趋势，长尾效应的研究将逐渐增加。在中介效应方面，顾客的感知价值高低是零售企业运营成功与否的关键影响因素，特别是以消费者为中心的新零售，顾客对线下服务的满意度则会影响线上购买的风险感知。受高等教育人数和相关专业新设数量增加的影响，人才培养也是推动商贸流通业数字化发展的重要中介变量。在溢出效应方面，数字技术与传统行业融合程度的加深给人们的生活方式带来巨大变化。在新冠肺炎疫情期间，"云旅游""云展览"等"宅经济"服务不仅为人们提供了居家娱乐，有利于疫情防控，还是疫情过后经济复苏的过渡。相关分析结果中多次出现农村电商，该领域的研究在乡村振兴阶段将依旧是研究热点。商贸流通业数字化发展过程中会不断产生新的行业，进而影响社会就业等问题。在长尾效应方面，消费者的消费观念从大众化转变为个性化，更享受自我满足。挖掘长尾市场能够促进企业不断创新产品和服务，形成差异化的竞争优势，长尾产品、长尾服务能够满足顾客个性化的需求。

第三，关于商贸流通业数字化发展路径的研究。从研究趋势来看，"数字化"研究将逐渐升级为"数智化"研究。数智化的到来将使现代商贸流通业面临新的一轮变革。孟月（2021）认为，中国移动通过夯实"新基建"、激活"新要素"、繁荣"新业态"、保障"新安全"，推动"数字中国"建设。新基建实现国家经济结构对称态和新旧动能转换，是我国经济高质量发展的重要保障，新要素会带来新的生产力，新业态会带来新的生产方式，新安全则将为数智经济发展保驾护航。从重点行业来看，现代商贸流通业中的物流业和会展业的相关研究将逐渐增加。智慧物流作为智慧供应链的衍生，加强了物流系统中智能基础设施和物联网、5G 技术等数字技术的结合，使物流业与上下游相关产业的关联更加紧密。会展业作为新兴服务业，同样具有巨大的发展潜力。第127 届"广交会"通过云展览的形式，突破了全球新冠肺炎疫情的重重困难，体现了发展数字会展的必要性。增强各产业在数智化发展中关系的关联性，能够加快有效信息在产业链的流通，提高我国的经济实力。

本章小结

现代商贸流通业数字化发展是数字经济的重要一环，因此分析该领域的研究方向与热点具有现实意义。本书利用 CiteSpace 软件对现代商贸流通业数字化领域中206 篇 CNKI 数据库文献和93 篇 WOS 数据库文献进行了计量分析，梳理了文献的作者、机构与国家网络关系以及关键词的共现、聚类、突现强度与时区图的分析。研究表明：第一，该领域将继续细分与转移，特别是新零售、数字物流、智慧会展三个主题的研究数量将增加；第二，学者、机构与国家之间的合作研究较为松散，有待加强；第三，商贸流通业数字化转型的先导机制、创新机制、动力机制以及管理机制等是热点研究话题。

第五章 数字技术、数字化与商贸流通业高质量发展的指标体系构建与评价

通过第二章、第三章和第四章的文献综述与文献计量，我们对数字技术、数字化和商贸流通领域的研究现状及影响因素有了较为全面的了解。为了进一步深入探究数字技术对商贸流通业高质量发展的作用机制，我们有必要在理论研究的基础上，采用一定的计量模型对其影响效应进行实证检验。数字技术水平、数字化水平和商贸流通业高质量发展水平是一个综合变量，因此需要多维度构建综合指标体系对相关变量进行测算。同时，评价指标的选取应遵循以下基本原则：

第一，综合性原则。评价指标体系要能全面反映相关变量各维度的发展现状，体现相关变量的综合水平。各个层次与维度的问题都应综合全面地反映，指标体系中既要包含定量指标，又要包含定性指标。指标选取应采用动态指标和静态指标相结合，兼顾显性指标和隐性指标。

第二，科学性原则。各个指标应该在充分了解目前数字技术和商贸流通业的发展状况、影响因素之后确定。每一个指标都有科学的、明确的意义和内涵，各指标和要素之间应该具有一定的内在联系以及内在逻辑，同时借鉴前人的优秀研究成果，确保所构建的指标体系具有一定的延续性、权威性和说服力。

第三，可操作性原则。指标体系一旦建立起来，就要能够方便寻找具体的数据对相关变量进行准确测算。在这个过程中，如果指标选取的可操作性不强，将会使指标值的确定出现很大的困难，从而增加评价工作的难度，并且使得评价结果产生扭曲和偏离，增大评价的不确定性。科学的、易于操作的评价指标可以消除歧义，减轻评价工作量，有效提高评价工作的客观准确性。

第四，代表性原则。一个综合性变量涉及的指标和数据繁杂，因此任何一

个评价指标体系都不可能穷尽涉及的所有指标。指标选取应当采取代表性的原则，即反映某个具体方面的指标应当具有代表性，尽量精炼，避免经济学意义上的重复。

一、数字技术水平、商贸流通业高质量发展的指标体系构建与评价

（一）评价方法

本书测算数字技术水平和商贸流通业高质量发展水平时，主要采用熵权指数法确定各指标权重。其基本原理如下：熵主要用于衡量一个系统的无序程度，对某项指标，可以用熵值来判断某个指标的离散程度。其信息熵值越小，指标的离散程度越大，则该指标对综合评价的影响就越大，即所占权重越大。对省级面板数据，熵权指数法的具体步骤如下：

（1）指标选取：假设存在 m 个年份，k 个省份，n 项指标，则 $x_{\theta ij}$ 表示第 θ 年省份 i 的第 j 个指标值。

（2）指标标准化处理：对于正向指标来说，$z_{\theta ij} = \dfrac{x_{\theta ij}}{x_{max}}$ ；对于负向指标来说，

$z_{\theta ij} = \dfrac{x_{min}}{x_{\theta ij}}$ ，x_{max} 和 x_{min} 分别表示第 j 项指标的最大值和最小值。

（3）指标归一化：$p_{\theta ij} = \dfrac{z_{\theta ij}}{\sum\limits_{\theta=1}^{m} \sum\limits_{i=1}^{k} z_{\theta ij}}$

（4）计算第 j 项指标的熵值：$e_j = -k_1 \sum\limits_{\theta=1}^{m} \sum\limits_{i=1}^{k} p_{\theta ij} \ln p_{\theta ij}$ ，其中 $k_1 = \dfrac{1}{\ln(m \times k)}$

（5）计算第 j 项指标的信息效应值：$g_j = 1 - e_j$

（6）计算第 j 项指标的权重：$w_j = \dfrac{g_j}{\sum\limits_{j=1}^{n} g_j}$

（7）计算综合水平：$L_{\theta i} = \sum\limits_{j=1}^{n} p_{\theta ij} w_j$

（二）指标体系构建

1. 数字技术水平的指标体系

目前，数字技术水平尚无统一的测度方式，有的学者采用互联网普及率等单一指标衡量数字技术水平（Habibi 等，2020），有的学者从不同维度通过构建指标体系对数字技术水平进行综合评价（庞瑞芝等，2021；阎世平等，2020）。为了更加全面地反映我国各省份数字技术水平的发展历程，本书借鉴现有文献的做法（庞瑞芝等，2021；阎世平等，2020），采用数字经济规模、数字技术基础设施建设情况和数字技术移动应用程度 3 个维度来综合衡量各省份的数字技术水平。其中，数字经济规模反映了数字技术与经济发展的融合程度，数字技术基础设施情况是数字技术发展的硬件条件，数字技术移动应用程度体现了数字技术使用的广度。具体来说，数字经济规模采用软件业务收入、电信业务量和快递业务量等分指标进行评价；数字技术基础设施情况采用长途光缆线路长度密度、人均移动电话交换机容量等分指标进行评价；数字技术移动应用的程度采用互联网普及率和移动电话普及率等分指标进行综合测度（见表 5-1）。

表 5-1　数字技术水平指标体系

一级指标	指标权重/%	二级指标	指标权重/%
数字经济规模	88.78	软件业务收入	37.45
		电信业务量	20.04
		快递业务量	42.51
数字技术 基础设施情况	8.72	长途光缆线路长度密度	80.62
		人均移动电话交换机容量	19.38
数字技术 移动应用的程度	2.50	互联网普及率	49.40
		移动电话普及率	50.60

2. 商贸流通业高质量发展水平的指标体系

商贸流通业主要包括批发零售业，住宿餐饮业，交通运输、仓储及邮政业。推进商贸流通业高质量发展是一项系统性、长期性、战略性工程，应当以创新、协调、绿色、开放、共享五大新发展理念为引领。因此，将宏观层面的新发展理念引申至中观层面产业方面，并结合商贸流通业自身所具有的特点，在借鉴相关文献的基础上（杨海丽等，2014；陈景华等，2021），从创新、协调、持续、开放和共享5个维度构建商贸流通业高质量发展水平的综合评价指标体系，如表5-2所示。

表5-2　商贸流通业高质量发展水平的综合评价指标体系

一级指标	权重/%	二级指标	权重/%	三级指标	指标量化	指标属性	权重/%
创新	27.89	创新投入	45.57	R&D经费投入强度	商贸流通业R&D经费支出/GDP	正	50.04
				R&D人员投入强度	商贸流通业R&D从业人员/商贸流通从业人员	正	49.96
		创新产出	54.43	商贸流通业数字化	软件业务收入/商贸流通业增加值	正	41.44
				商贸流通业人均专利占有量	商贸流通业人均专利授权数	正	58.56
协调	15.78	城乡协调	56.02	城乡居民收入比	城镇居民人均可支配收入/农村居民人均可支配收入	负	53.62
				城乡居民消费支出比	城镇居民人均消费支出/农村居民人均消费支出	负	46.38
		区域协调	43.98	商贸流通业经济密度	商贸流通业增加值/行政区域面积	正	74.50
				地区人均商贸流通业增加值	地区人均商贸流通业增加值/全国人均商贸流通业增加值	正	25.50

表5-2(续)

一级指标	权重/%	二级指标	权重/%	三级指标	指标量化	指标属性	权重/%
持续	24.93	稳定增长	24.35	商贸流通业规模	商贸流通业增加值/GDP	正	19.28
				商贸流通业就业人数	商贸流通业从业人数/总就业人数	正	80.72
		绿色发展	75.65	商贸流通业单位产出废气排放	商贸流通业二氧化硫排放量/商贸流通业增加值	负	21.26
				商贸流通业单位产出污水排放	商贸流通业污水排放量/商贸流通业增加值	负	41.68
				森林覆盖率	森林覆盖面积/国土面积	正	37.06
开放	3.95	外贸依存度	100	进出口总额规模	进出口总额/GDP	正	100
共享	27.46	公共服务	8.67	教育投入	教育经费支出/财政支出	正	50.00
				医疗投入	每万人医疗卫生机构数	正	50.00
		基础设施	91.33	交通基础设施	公路和铁路里程总数/行政区域面积	正	29.03
				网络基础设施	移动电话普及率	正	25.44
				商贸基础设施	亿元以上商品交易市场数量	正	28.31
					商贸流通法人企业数	正	17.22

　　创新是商贸流通业高质量发展的根本动力。不断创新促使传统商贸流通业与其他新兴产业加速融合，催生出许多新模式和新业态，有效提升了商贸流通业的运营效率。本书主要从创新投入和创新产出两个方面衡量商贸流通业的创新水平。协调是商贸流通业高质量发展的内在要求。党的十九大报告指出："中国特色社会主义进入新时代，我国社会主要矛盾已经转化为人民日益增长

的美好生活需要和不平衡不充分的发展之间的矛盾。"因此，商贸流通业在实现高质量发展时，一定要注重协调发展、充分发展，努力解决城乡和区域之间商贸流通业发展不平衡不充分的矛盾。本书从城乡协调和区域协调两个方面评估商贸流通业的协调水平。可持续是科学发展的落脚点，经济发展迅速与资源环境紧张的矛盾日益突出，因此对于商贸流通业来说，其既要保证增长数量，也要注重发展质量，让绿色成为商贸流通业发展最靓丽的底色。本书从稳定增长和绿色发展两个方面对商贸流通业的持续水平进行评估。对外开放加快商贸流通业转型升级的步伐，既是商贸流通业繁荣发展的重要表现，也是商贸流通业高质量发展的必由之路。基于数据的可获得性，本书采用进出口总额规模这一指标衡量商贸流通业的开放水平。共享既是高质量发展的根本目的，也是提升人民幸福感、获得感的重要保障措施。公共服务和基础设施事关民众的切身利益和根本福祉，其完善程度的高低直接关系到人民的幸福感的高低。因此，本书从公共服务和基础设施两个方面来衡量共享水平。

（三）数据来源

根据数据的可获得性和数据质量要求，本书以中国 30 个省（自治区、直辖市）的面板数据作为样本数据（未包括我国港、澳、台地区和西藏自治区，下同）。数据来源为国家统计局、《中国统计年鉴》《中国环境统计年鉴》以及历年中国互联网络信息中心发布的《中国互联网络发展状况统计报告》。另外，对于涉及 GDP 的变量，本书对其进行指数平减处理，得到历年的实际 GDP。

（四）评价结果

1. 数字技术发展水平评价结果
中国 30 个省份 2010—2019 年数字技术发展水平如表 5-3 所示。

表 5-3 中国 30 个省份 2010—2019 年数字技术发展水平

省份	2010	2011	2012	2013	2014	2015	2016	2017	2018	2019
京	0.153	0.158	0.176	0.197	0.227	0.255	0.295	0.350	0.421	0.504
津	0.058	0.058	0.063	0.071	0.078	0.087	0.096	0.110	0.128	0.147
冀	0.051	0.043	0.048	0.053	0.058	0.065	0.071	0.088	0.124	0.168
晋	0.040	0.036	0.038	0.045	0.043	0.046	0.046	0.053	0.067	0.087

表5-3(续)

省份	2010	2011	2012	2013	2014	2015	2016	2017	2018	2019
蒙	0.030	0.028	0.031	0.035	0.036	0.039	0.039	0.044	0.057	0.070
辽	0.090	0.091	0.103	0.124	0.135	0.145	0.107	0.118	0.121	0.146
吉	0.038	0.036	0.039	0.043	0.047	0.050	0.053	0.063	0.081	0.082
黑	0.034	0.030	0.032	0.036	0.040	0.044	0.048	0.055	0.062	0.074
沪	0.160	0.165	0.189	0.204	0.255	0.292	0.357	0.405	0.449	0.548
苏	0.160	0.163	0.193	0.231	0.279	0.331	0.363	0.415	0.469	0.567
浙	0.100	0.097	0.117	0.149	0.187	0.234	0.274	0.334	0.416	0.506
皖	0.040	0.036	0.039	0.045	0.050	0.059	0.064	0.080	0.107	0.145
闽	0.074	0.073	0.083	0.090	0.110	0.126	0.138	0.158	0.194	0.227
赣	0.031	0.027	0.029	0.031	0.034	0.040	0.042	0.053	0.075	0.100
鲁	0.089	0.085	0.101	0.121	0.151	0.179	0.199	0.215	0.277	0.337
豫	0.053	0.040	0.045	0.051	0.059	0.070	0.072	0.089	0.134	0.174
鄂	0.046	0.042	0.049	0.062	0.072	0.085	0.096	0.113	0.143	0.177
湘	0.046	0.039	0.043	0.048	0.053	0.059	0.061	0.076	0.102	0.137
粤	0.206	0.197	0.239	0.287	0.348	0.422	0.491	0.609	0.753	0.940
桂	0.036	0.030	0.033	0.037	0.040	0.044	0.044	0.059	0.086	0.118
琼	0.027	0.027	0.030	0.031	0.032	0.035	0.036	0.040	0.047	0.058
渝	0.040	0.034	0.040	0.047	0.055	0.063	0.070	0.081	0.101	0.129
川	0.069	0.066	0.076	0.089	0.104	0.119	0.129	0.154	0.205	0.264
贵	0.032	0.032	0.036	0.039	0.043	0.046	0.047	0.058	0.083	0.111
滇	0.032	0.028	0.030	0.034	0.037	0.043	0.042	0.054	0.078	0.107
陕	0.045	0.043	0.049	0.058	0.066	0.078	0.084	0.101	0.135	0.181
甘	0.023	0.021	0.023	0.026	0.027	0.030	0.031	0.040	0.053	0.066
青	0.019	0.020	0.024	0.027	0.029	0.030	0.031	0.030	0.034	0.038
宁	0.029	0.031	0.033	0.034	0.035	0.038	0.040	0.043	0.049	0.051
新	0.027	0.026	0.029	0.033	0.035	0.037	0.037	0.039	0.049	0.068

注：具体计算过程备索。

2. 商贸流通业高质量发展水平评价结果

中国30个省份2013—2019年商贸流通业高质量发展水平如表5-4所示。

表5-4 中国30个省份2013—2019年商贸流通业高质量发展水平

省份	2013	2014	2015	2016	2017	2018	2019
京	0.227	0.239	0.243	0.264	0.282	0.290	0.246
津	0.167	0.167	0.164	0.167	0.159	0.153	0.132
冀	0.185	0.192	0.194	0.202	0.219	0.227	0.216
晋	0.105	0.105	0.105	0.106	0.113	0.118	0.111
蒙	0.101	0.105	0.102	0.106	0.110	0.108	0.089
辽	0.187	0.191	0.194	0.187	0.194	0.181	0.155
吉	0.087	0.089	0.090	0.095	0.099	0.092	0.079
黑	0.098	0.100	0.104	0.107	0.108	0.095	0.079
沪	0.318	0.342	0.355	0.387	0.432	0.468	0.379
苏	0.374	0.374	0.387	0.410	0.440	0.488	0.465
浙	0.326	0.360	0.388	0.436	0.480	0.525	0.554
皖	0.166	0.174	0.172	0.182	0.194	0.216	0.217
闽	0.162	0.176	0.187	0.204	0.223	0.263	0.257
赣	0.127	0.129	0.130	0.133	0.141	0.149	0.149
鲁	0.344	0.352	0.364	0.381	0.385	0.383	0.362
豫	0.180	0.191	0.203	0.224	0.237	0.248	0.251
鄂	0.184	0.195	0.204	0.211	0.222	0.247	0.236
湘	0.170	0.177	0.182	0.193	0.202	0.218	0.208
粤	0.389	0.433	0.471	0.560	0.636	0.703	0.713
桂	0.114	0.114	0.114	0.118	0.125	0.133	0.121
琼	0.076	0.079	0.081	0.082	0.087	0.085	0.072
渝	0.140	0.148	0.151	0.159	0.163	0.170	0.168
川	0.134	0.149	0.158	0.173	0.181	0.198	0.196
贵	0.085	0.087	0.094	0.100	0.102	0.107	0.116
滇	0.094	0.098	0.097	0.102	0.105	0.118	0.116

表5-4(续)

省份	2013	2014	2015	2016	2017	2018	2019
陕	0.114	0.119	0.119	0.128	0.137	0.145	0.140
甘	0.065	0.069	0.065	0.067	0.070	0.072	0.067
青	0.043	0.042	0.042	0.045	0.045	0.042	0.037
宁	0.061	0.061	0.061	0.062	0.079	0.089	0.079
新	0.097	0.095	0.092	0.094	0.102	0.103	0.094

注：具体计算过程备索。

二、数字化水平的指标体系构建与评价

（一）评价方法

本书测算数字化水平时，主要采用变异系数法确定各指标权重。其基本原理如下：不同省份在某一数字化指标上的数据差额越大，说明该指标的区域不平衡越明显，落后地区想达到平均水平的难度也就越大，因此认为该指标是进行区域平衡协调的重要着力点，即变异程度越大，所赋权重越大。变异系数法的具体步骤如下：

（1）指标选取：假设存在 m 个年份，k 个省份，n 项指标，则 $x_{\theta ij}$ 表示第 θ 年省份 i 的第 j 个指标值。

（2）指标标准化处理：对于正向指标来说，$z_{\theta ij} = \dfrac{x_{\theta ij}}{x_{\max}}$；对于负向指标来说，$z_{\theta ij} = \dfrac{x_{\min}}{x_{\theta ij}}$，$x_{\max}$ 和 $x_{\min}$ 分别表示第 j 项指标的最大值和最小值。

（3）确定各指标的变异系数：$V_j = \dfrac{\sigma_j}{\overline{X}_j}$，$j = 1, 2, 3, \cdots, 18$。

（4）计算各指标权重：$w_j = \dfrac{V_j}{\sum\limits_{j=1}^{18} V_j}$，$j = 1, 2, 3, \cdots, 18$。

（5）计算综合水平：$L_{\theta i} = \sum\limits_{j=1}^{n} z_{\theta ij} w_j$。

（二）指标体系构建

本书借鉴李柏洲等（2021）和王峰正等（2021）的做法，从数字基础设施、数字应用水平、数字经济水平和数字素养水平共 4 个维度（一级指标）、15 个分指标（二级指标）构建数字化水平指标评价体系（见表 5-5）。

表 5-5　数字化水平指标评价体系

一级指标	权重/%	二级指标	指标属性	权重/%
数字基础设施	18.10	每万平方千米光缆长度	正	58.56
		人均移动电话交换机容量	正	21.99
		互联网普及率	正	19.45
数字应用水平	12.65	每百人使用计算机台数	正	40.32
		有电子商务交易活动的企业数比重	正	28.62
		移动电话普及率	正	31.06
数字经济水平	52.29	人均电信业务总量	正	15.11
		人均软件业务收入	正	23.35
		人均信息技术服务收入	正	25.07
		电商交易额占 GDP 的比重	正	12.51
		企业平均电子商务销售额	正	12.55
		每万人信息传输、计算机服务和软件业法人单位数	正	11.41
数字素养水平	16.95	人均地方财政教育支出	正	28.73
		信息传输、计算机服务和软件业城镇单位就业人员占比	正	54.87
		每十万人口高等学校平均在校生数量	正	16.40

（三）数据来源

数据来源为国家统计局、《中国统计年鉴》以及历年中国互联网络信息中心发布的《中国互联网络发展状况统计报告》。另外，对于涉及 GDP 的变量，本书对其进行指数平减处理，得到历年的实际 GDP。

（四）评价结果

本书通过变异系数法计算，中国30个省份2013—2019年数字化水平如表5-6所示。

表5-6　中国30个省份2013—2019年数字化水平

省份	2013	2014	2015	2016	2017	2018	2019
京	0.441	0.491	0.541	0.575	0.680	0.773	0.909
津	0.184	0.213	0.243	0.254	0.272	0.321	0.372
冀	0.059	0.071	0.082	0.099	0.117	0.146	0.175
晋	0.061	0.072	0.088	0.095	0.107	0.151	0.173
蒙	0.085	0.092	0.121	0.133	0.149	0.180	0.216
辽	0.127	0.139	0.179	0.152	0.171	0.195	0.224
吉	0.068	0.087	0.099	0.112	0.135	0.160	0.175
黑	0.051	0.069	0.083	0.092	0.114	0.129	0.153
沪	0.311	0.405	0.448	0.491	0.525	0.603	0.683
苏	0.158	0.175	0.197	0.210	0.233	0.296	0.343
浙	0.173	0.197	0.227	0.242	0.280	0.333	0.387
皖	0.052	0.073	0.094	0.106	0.123	0.157	0.194
闽	0.131	0.151	0.176	0.185	0.202	0.237	0.277
赣	0.037	0.053	0.081	0.085	0.117	0.145	0.176
鲁	0.085	0.102	0.122	0.152	0.175	0.214	0.225
豫	0.039	0.057	0.072	0.088	0.103	0.136	0.160
鄂	0.075	0.094	0.111	0.128	0.149	0.174	0.205
湘	0.045	0.060	0.071	0.086	0.106	0.137	0.164
粤	0.179	0.201	0.224	0.242	0.281	0.331	0.379
桂	0.035	0.051	0.068	0.079	0.107	0.144	0.180
琼	0.101	0.132	0.166	0.172	0.187	0.236	0.272
渝	0.086	0.116	0.137	0.157	0.179	0.220	0.260
川	0.067	0.087	0.110	0.127	0.146	0.176	0.209

表5-6(续)

省份	2013	2014	2015	2016	2017	2018	2019
贵	0.051	0.067	0.089	0.114	0.128	0.170	0.211
滇	0.052	0.079	0.099	0.089	0.106	0.137	0.180
陕	0.094	0.113	0.133	0.148	0.170	0.217	0.256
甘	0.038	0.049	0.066	0.077	0.099	0.130	0.162
青	0.071	0.090	0.163	0.147	0.127	0.172	0.206
宁	0.072	0.091	0.108	0.125	0.148	0.183	0.207
新	0.075	0.094	0.114	0.109	0.119	0.153	0.190

注：具体计算过程备索。

本章小结

本章基于中国省级面板数据，构建了科学合理、符合实际的数字技术发展水平、商贸流通业高质量发展水平和数字化水平的综合评价指标体系，采用熵权指数法测算了数字技术发展水平和商贸流通业高质量发展水平，采用变异系数法测算了数字化水平，为本书后面实证分析奠定了坚实基础。研究表明，我国数字技术水平、数字化水平和商贸流通业高质量发展水平的区域发展差距较大，发展不平衡不充分的矛盾仍然较为突出。

第六章　数字技术对商贸流通业高质量发展的影响——基于省级面板数据与空间杜宾模型的验证

一、引言

2020 年 5 月，中共中央政治局常委会会议首次提出"充分发挥我国超大规模市场优势和内需潜力，构建国内国际双循环相互促进的新发展格局"。构建"双循环"新发展格局的关键在于着力解决国民经济循环的痛点和堵点，加快建设现代化经济体系。商贸流通体系作为现代化经济体系的重要组成部分，在挖掘国内消费市场潜力、畅通经济循环方面发挥着日益突出的作用。与此同时，我国商贸流通业仍然存在大而不强、流通成本过高、流通渠道过长、发展方式粗放等难题，严重制约了我国商贸流通业高质量发展。

随着第四次工业革命的浪潮席卷全球，以大数据、云计算、移动互联网和人工智能为代表的数字技术迅速兴起，正在成为驱动产业创新与转型的关键动力。数字技术如何突破商贸流通业瓶颈实现高质量发展是当前研究的重点。党的十九届五中全会指出，坚定不移建设制造强国、质量强国、网络强国、数字中国，以数字技术推进产业基础高级化、产业链现代化，提高经济质量效益和核心竞争力。数字技术通过改变创新要素的重组方式，降低创新带来的交易成本与契约成本，缩小了认知差异，提高产业创新能力，实现了高质量发展。

关于数字技术如何驱动商贸流通业高质量发展、数字技术对商贸流通业高质量发展是否存在显著的空间溢出效应等问题自然受到学术界和政策制定者的广泛关注与讨论。因此，通过理论分析和实证检验识别数字技术驱动商贸流通业高质量发展的作用机理对于建设质量强国、数字中国以及构建"双循环"新发展格局都具有重要的意义。

二、文献综述

在商贸流通业的发展方面，现有研究主要围绕商贸流通业的创新发展、竞争力评价和运营效率等视角展开。例如，Ricardo 等（2007）、徐从才（2011）、贺刚（2019）对商贸流通创新的影响因素进行了分析；李飞等（2005）从物质现代化、制度现代化和观念现代化三个维度构建了商贸流通现代化指标评价体系；杨海丽等（2014）从发展、结构、效益、生态和环境五个维度构建了商贸流通创新综合水平评价指标体系，测算了 2006—2011 年中国商贸流通创新水平，认为中国商贸流通创新水平总体呈现上升趋势。随着高质量发展理念的不断深入，一些学者尝试构建商贸流通业高质量发展的综合评价体系。例如，张语恒（2020）从规模效应、动力效应、网络化效应以及连锁零售发展效应四个维度构建了衡量商贸流通业高质量发展的指标体系。宋慧等（2020）基于经济产出质量、流通环境质量、发展效率质量和流通潜力质量等方面对我国四大经济圈的商贸流通业高质量发展水平进行表征。其研究表明，我国四大经济圈商贸流通业高质量发展水平总体上不断提升，但是在内部存在一定范围的"马太效应"。

互联网、人工智能等数字技术的发展促进空间经济集聚的进一步增强，强化知识溢出和自主创新能力，倒逼劳动力禀赋和产业部门生产效率的提升，催生出一系列新产业、新业态、新模式（曹玉平，2020；胡俊等，2020）。有学者指出，数字技术的兴起促进实体经济与虚拟经济的深度融合，驱动我国商贸流通业向自动化、智能化和智慧化转型升级，实现对过去"生产中心论"的颠覆性变革，给传统产业和市场基础带来"创造性破坏"（Oestreicher 等，2012；赵振，2015；谢莉娟等；2020）。有学者指出，数字技术将推动构建全渠道流通体系和商品信息流通溯源体系，大幅降低商贸流通成本、提高商贸流通效率、保证商贸流通产品品质、改善消费体验，从而建立和完善现代化商贸流通体系（李美宇等，2019；赵晓飞等，2020）。

综上所述，目前学界在数字技术及商贸流通领域做了一定的有益探索，取得了丰富的研究成果，主要集中在以下几个方面：一是关于商贸流通创新的影响因素，二是关于商贸流通发展水平和竞争力指标体系的构建，三是针对数字技术驱动商贸流通业发展的理论构建。但是，目前学界主要侧重构建经济或产业高质量发展的指标评价体系，较少涉及商贸流通业高质量发展的指标评价体系的构建；聚焦本地区数字技术对商贸流通业创新发展的理论分析或实证检验，较少从空间溢出效应的视角对数字技术与商贸流通业高质量发展之间的关系展开研究。为此，本书通过构建商贸流通业高质量发展的指标评价体系，基于 2010—2019 年中国 30 个省份的面板数据，运用空间计量模型实证检验数字技术对商贸流通业高质量发展的直接影响和溢出效应，探究数字技术驱动商贸流通业高质量发展的理论机制，以期进一步丰富关于商贸流通业高质量发展领域的研究，并服务于宏观决策，为推动商贸流通业高质量发展、解决区域商贸流通业发展不平衡不充分的难题、构建"双循环"新发展格局提供理论借鉴和实践指导。

三、理论机制与研究假设

（一）数字技术的直接影响

商贸流通连接着生产和消费两端，以大数据、云计算、移动互联网和人工智能为代表的数字技术的迅速兴起，催生出许多新需求和新供给（祝合良等，2020），同时直接驱动链群组织变革和创新，增强企业竞争优势，提升产业链和供应链的现代化水平与国际竞争力（余东华等，2021），对商贸流通业转型升级、实现高质量发展产生直接或间接的影响。从新需求视角来看，数字技术的发展改变了传统商贸流通模式，有利于企业对消费者的性别年龄、消费偏好、个性化需求等大量数据进行深度挖掘与整合，实现对消费者画像，从而精准预测新的消费需求，不断提升消费质量，增加消费数量，大幅增加企业利润，实现供应链、生产链和服务链智能互联（李柏洲等，2021）。从新供给视角来看，党的十九届四中全会首次将数据与劳动、资本、技术并列为生产要素。在此背景下，产品生产将由过去的以劳动和资本驱动转型为以技术和数据驱动，这意味着在产品供给侧一端将更加个性化、智能化和数字化。传统需求侧和供给侧的创新升级，有效促进了商贸流通业增量提质，推动了由"推式供应链"向"拉式供应链"的转变（Chu Hua Kuei，2000；Kim 等，2004），从而驱动商贸流通业高质量发展。

数字技术发展能够推动商贸流通业降本提效。首先，数字技术具有极强的网络效应和共建共享性，因而随着用户群体的增长，以数字技术为核心驱动力的数字经济的边际成本是递减甚至趋于零的（Afuah 等，2003）。特别是在土地、能源、劳动力等要素价格普遍上涨的背景下，数字化赋能有利于降低商贸流通业运行成本。其次，过去受制于落后的信息技术，生产、仓储、运输、交易等各个环节均存在严重的信息不对称和信息获取滞后等难题，除了造成大量产品在储存和运输过程中囤积与损坏外，要素错配明显，增加了谈判、签约和监督等交易成本，这无疑极大提高了商贸流通成本、降低了商贸流通效率。随着数字技术的发展，商贸流通各环节数字化程度提高，很大程度上缓解了信息不对称及获取滞后的难题。最后，数字技术对生产、仓储、运输、交易等各个环节赋能，构建线上和线下全渠道发展的数字化供应链，大幅压缩流通环节，提高全要素生产率，改善消费体验，推动商贸流通业降本提效，实现商贸流通业数字化、智能化发展。

综合上述分析，随着数字技术与商贸流通业的融合发展，数字技术不仅能够有效推动商贸流通业降本、提质、增效，实现要素集聚，还催生出一系列新业态、新模式，驱动商贸流通业"颠覆性发展"。鉴于此，本书提出假设1。

假设1：数字技术有利于驱动商贸流通业实现高质量发展。

（二）数字技术的溢出效应

随着数字技术在世界范围内的迅猛发展和广泛应用，经济社会进入了互联互通的新时代。由于数字技术具有广泛渗透性、互联互通性以及多方共享性，因此一个地区数字技术的发展，不仅有助于推动本地产业转型升级，也会对其他地区相关产业产生空间溢出效应（Yilmaz 等，2002；赵涛等，2020）。具体来说，数字技术的发展突破了传统的空间和时间的限制，改变了传统的商贸流通模式和供应链结构，催生出许多新业态、新模式（胡俊等，2020），大幅提升了商贸流通效率和资源配置效率，使资本、人才、知识、技术等要素资源能在两地之间自由流动，充分发挥外溢作用和带动作用。弗里德曼的名著《世界是平的》指出，互联网等数字技术的崛起从根本上改变了技术创新和扩散的方式，使技术溢出变得无处不在。另外，根据新经济地理理论，当"冰山"运输成本低于区域内拥挤成本时，经济地理格局会呈现出分散的空间均衡（Helpman，1998）。自土地供给制度改革以来，我国土地和住房价格一路上升，大幅提升了商贸流通企业的经营成本，直接影响了企业的区位选址。在数字技术尚未兴起之前，长途运输成本较高、信息不对称等严重制约了商贸流通业规模效应的发挥。商贸流通企业考虑到集聚经济带来的正向效应，因此更倾向于选址在较为发达但拥挤成本较高的城市。随着互联网等数字技术的发展，加上大规模的基础设施建设，迅速填平了中国互联网的"数字鸿沟"，有效降低了各区域的"冰山"运输成本（邱泽奇等，2016）。越来越多的商贸流通企业选择从拥挤成本较高（经济较为发达）的城市流出。在此过程中，各类要素资源也伴随着商贸流通企业流入拥挤成本较低（经济较为落后）的城市，进而促进当地商贸流通业的发展，实现分散的空间均衡格局。

数字技术发展大幅缩短了时空距离、降低了运输成本、有效提升了资源配置效率，使资本、劳动力等各类要素资源流入拥挤成本较低的城市，从而实现各区域商贸流通业的协调发展。鉴于此，本书提出假设2。

假设2：数字技术对商贸流通业高质量发展存在显著的空间溢出效应。

四、研究设计

（一）变量选取与说明

1. 被解释变量

被解释变量为商贸流通业高质量发展水平（Hqd）。变量相关说明及测算结果见本书第五章。

2. 解释变量

解释变量为数字技术水平（$Digi$）。变量相关说明及测算结果见本书第5章。

3. 控制变量

为了较为准确地衡量数字技术对商贸流通业高质量发展的作用效果，确保模型的精准性和稳健性，本书选取了一系列可能对商贸流通业高质量发展产生影响的控制变量。具体如下：

（1）外贸开放度（$Open$）：外贸开放度是商贸流通业实现高质量发展的必要条件。本书采用进出口总额占GDP的比重衡量。

（2）城市化水平（$Urban$）：城市能够集聚大量人才、资本、技术等要素资源，为商贸流通业提供雄厚的物质基础和良好的发展环境。本书采用城镇化率对城市化水平进行衡量。

（3）产业结构高级化程度（ES）：产业结构转型升级过程中，政府致力于发展高附加值、低污染和低能耗的服务业，为商贸流通业的发展提供了良好契机。本书采用第三产业增加值占GDP的比重对产业结构高级化程度进行衡量。

（4）技术创新水平（$Innov$，单位：万件）：技术创新能够有效提高商贸流通效率、扩大商贸流通规模、促进商贸流通业可持续发展。本书采用专利的有效申请数衡量技术创新水平。

（5）人口密度（*Dens*，单位：百万人/万平方千米）：人口密度的扩大，有利于产生规模经济效应，进而实现商贸流通业高质量发展。本书采用人口规模除以行政区域面积对人口密度进行衡量。

（二）模型设定

根据理论机制，在不考虑空间因素的背景下，本书设定基础多元回归模型如下：

$$Hqd_{it} = a_i + Digi_{it}\gamma_1 + Control_{it}c_1 + \varepsilon_{it} \tag{1}$$

本文拟采用空间面板回归模型实证检验数字技术对商贸流通业高质量发展的溢出效应，而常见的空间面板回归模型主要包括空间自回归模型（SAR）、空间误差模型（SEM）和空间杜宾模型（SDM）。其具体形式如下：

空间自回归模型如下：

$$Hqd_{it} = a_{i\ t} + \rho W(Hqd_{it}) + Digi_{it}\gamma_1 + Control_{it}c_1 + u_i + \varepsilon_{it} \tag{2}$$

空间误差模型如下：

$$Hqd_{it} = a_{it} + Digi_{it}\gamma_1 + Control_{it}c_1 + \mu_{it} \tag{3}$$

$$\mu_{it} = \rho W\mu_{it} + \varepsilon_{it} \tag{4}$$

空间杜宾模型如下：

$$Hqd_{it} = a_{i\ t} + \rho W(Hqd_{it}) + Digi_{it}\gamma_1 + WDigi_{it}\gamma_2 + Control_{it}c_1 + u_i + \lambda_t + \varepsilon_{it} \tag{5}$$

式（1）至式（5）中，*Hqd* 表示商贸流通业高质量发展水平，*Digi* 表示数字技术水平，*Control* 表示模型的控制变量，W 表示空间权重矩阵，ρ 表示空间自回归系数，γ 表示解释变量回归系数，c_1 表示控制变量回归系数，μ_i 表示个体的固定效应，λ_t 表示时间效应，ε_{it} 表示残差项向量，所有变量的下标中 *i* 表示个体，*t* 表示时间。

空间杜宾模型既体现了本地区商贸流通业高质量发展水平受到本地区数字技术水平的影响，也受到邻近地区商贸流通业高质量发展水平及数字技术水平的空间溢出效应影响，综合了空间自回归模型和空间误差模型所具有的特点。

（三）数据来源与说明

由于我国港、澳、台地区和西藏自治区的数据缺失，因此本书的研究对象主要为 30 个省（自治区、直辖市）。另外，考虑到数据的可靠性和准确性，本书选取的统计指标的原始数据均来自国家统计局、各地统计年鉴以及各地历年的国民经济和社会发展统计公报。本书运用 Stata16 软件对上述变量进行统计分析，相关变量的描述性统计结果见表 6-1。从表 6-1 不难发现，数字技术水平的变异系数相较于商贸流通业高质量发展水平的变异系数而言更高，反映出我国 30 个省份数字技术水平相较于商贸流通业高质量发展水平而言差异更大，发展更不均衡。

表 6-1　相关变量的描述性统计结果

变量名	平均值	标准差	最小值	最大值	变异系数
商贸流通业高质量发展水平（Hqd）	0.176	0.117	0.033	0.713	0.669
数字技术水平（Digi）	0.110	0.124	0.019	0.940	1.121
外贸开放度（Open）	0.138	0.144	0.007	0.702	1.043
城市化水平（Urban）	0.571	0.125	0.338	0.896	0.218
产业高级化程度（ES）	0.481	0.091	0.325	0.837	0.189
技术创新水平（Innov）	4.932	7.352	0.026	52.740	1.491
人口密度（Dens）	4.709	7.263	0.078	40.469	1.542

五、实证检验

（一）空间相关性检验

在确定是否使用空间计量方法时，首先需要考察解释变量和被解释变量是否存在空间相关性。检验空间相关性的方法主要有莫兰指数、吉尔里指数等，最常用的度量方法是莫兰指数。莫兰指数的取值介于 -1~1，若莫兰指数大于 0，表明变量存在正向空间自相关性；若莫兰指数小于 0，表明变量存在负向空间自相关性；若莫兰指数等于 0，表明变量在空间上的分布是随机的，不存在空间相关性。因此，本书在构建经济地理距离空间权重矩阵的基础上，通过 Stata16 软件检验各变量的空间相关性。各变量莫兰指数的计算结果（2010—2019 年）如表 6-2 所示。

表 6-2　各变量莫兰指数计算结果（2010—2019 年）

年份	变量						
	Hqd	Digi	Open	Urban	ES	Innov	Dens
2010	0.445 ***	0.167 *	0.444 ***	0.541 ***	0.212 **	0.216 *	0.177 **
2011	0.460 ***	0.175 *	0.454 ***	0.533 ***	0.273 **	0.240 **	0.178 **
2012	0.429 ***	0.166 *	0.425 ***	0.530 ***	0.291 ***	0.230 **	0.180 **
2013	0.397 ***	0.165 *	0.409 ***	0.528 ***	0.281 **	0.230 **	0.182 **
2014	0.397 ***	0.186 **	0.425 ***	0.527 ***	0.280 **	0.226 *	0.185 **
2015	0.381 ***	0.198 **	0.443 ***	0.541 ***	0.282 **	0.205 *	0.190 **
2016	0.356 ***	0.226 **	0.453 ***	0.545 ***	0.309 ***	0.198 *	0.192 **
2017	0.351 ***	0.218 ***	0.484 ***	0.546 ***	0.338 ***	0.149	0.193 **
2018	0.366 ***	0.199 ***	0.502 ***	0.540 ***	0.321 ***	0.137	0.194 **
2019	0.327 ***	0.192 **	0.505 ***	0.542 ***	0.352 ***	0.121	0.197 **

注：*、**、*** 分别代表变量在 10%、5% 和 1% 的水平下通过显著性检验，下同。

　　从表 6-2 不难发现，商贸流通业高质量发展水平和数字技术水平都具有显著的正向空间自相关性，表明我国商贸流通业高质量发展水平较高的省份更倾向于与发展水平较高的省份相邻，数字技术水平较高的省份更倾向于与数字技术水平较高的省份相邻。

　　在全域空间相关性分析的基础上，本书进一步采用局部莫兰散点图对商贸流通业高质量发展水平和数字技术水平的区域分布进行差异化集群划分（见图 6-1 和图 6-2）。由图 6-1 和图 6-2 可知，商贸流通业高质量发展水平较高的省份主要集中于长三角地区、珠三角地区和京津冀地区，而商贸流通业高质量发展水平较低的省份主要集中在贵州、青海、甘肃等中西部地区以及东北地区。截至 2019 年年底，有 21 个省份的商贸流通业高质量发展水平位于第一象限（高高集聚区域）和第三象限（低低集聚区域），占比达到 70%。其中，位于第一象限的主要有上海、浙江、江苏、山东等，位于第三象限的主要有贵州、甘肃、青海、新疆、宁夏、陕西等。数字技术水平在我国各区域的分布状态与商贸流通业高质量发展水平高度相似，即数字技术水平较高的省份主要位于长三角地区、珠三角地区和京津冀地区等东部沿海地区，在第一象限（高高集聚区域）和第三象限（低低集聚区域）的省份数量为 24 个，占比达到 80%。其中，位于第一象限的主要有上海、浙江、江苏、山东等，位于第三象限的主要有贵州、甘肃、青海、新疆、宁夏、陕西、黑龙江、吉林等。此外，无论是商贸流通业高质量发展水平的莫兰散点图，还是数字技术水平的莫兰散点图，都还有少数几个省份位于第二象限和第四象限，这两个类型的省份的商贸流通业高质量发展水平和数字技术水平差距极大，其中高水平区域主要包括北京、广东等东部沿海地区，低水平区域主要包括江西、山西等中西部地区。这反映出我国东部沿海地区的商贸流通业高质量发展水平和数字技术水平虽然较高，但是对邻近区域的辐射效应和带动效应需要进一步增强。

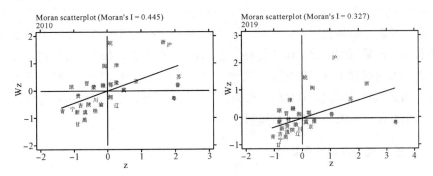

图6-1　商贸流通业高质量发展水平的莫兰散点图（2010年与2019年）

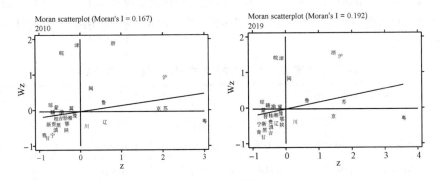

图6-2　数字技术水平的莫兰散点图（2010年与2019年）

综合莫兰指数和局部莫兰散点图的分析结果，商贸流通业高质量发展水平具有显著的空间相关性。因此，应在后续的研究中加入空间计量模型，以全面考虑数字技术对商贸流通业高质量发展的理论效应。

（二）空间计量模型选择

为了确定空间计量模型的具体形式，本书采用 LR 检验和 Wald 检验验证空间杜宾模型（SDM）是否会退化为空间自回归模型（SAR）或空间误差模型（SEM）。检验结果表明，Wald_spatial_lag 值和 LR_spatial_lag 值分别为 13.5 和 15.81，Wald_spatial_error 值和 LR_spatial_error 值分别为 7.72 和 20.75，均在 5% 的水平下通过显著性检验，因此拒绝空间杜宾模型会退化为空间自回归模型或空间误差模型的原假设，即空间杜宾模型是更优的计量模型。

在空间面板数据回归分析中，根据数据反映出来的信息可以采用混合回归模型、固定效应回归模型和随机效应回归模型这些具体的模型形式，而固定效应回归模型又可以分为时间固定效应模型、个体固定效应模型以及时间和个体双固定效应模型。为了确定模型的具体形式，本书采用 Hausman 检验对上述模型进行检验。结果表明，统计量 chi2（6）= 36.64，通过 1% 的水平下的显著性检验，即采用固定效应模型更为合适。此外，经检验，相较于个体固定效应模型以及时间和个体双固定效应模型而言，时间固定效应模型的拟合效果更佳，因此选择时间固定效应模型更为合适。综上所述，本书最终采用时间固定效应的空间杜宾模型作为计量模型。

（三）模型回归结果估计

为了降低样本数据的波动性，本书对各变量进行对数化处理，并借鉴贾占华等（2019）的思路，采用极大似然法对空间杜宾模型的系数进行估计，与普通面板数据回归模型的估计结果相比较。普通面板数据回归模型与空间杜宾模型的结果如表 6-3 所示。

表 6-3　普通面板数据回归模型与空间杜宾模型的估计结果

普通面板数据回归模型		空间杜宾模型			
变量	估计结果	变量	估计结果	变量	估计结果
ln$Digi$	0.290 ***	ln$Digi$	0.352 ***	W×ln$Digi$	0.157 **
ln$Open$	0.088 ***	ln$Open$	0.059 ***	W×ln$Open$	−0.038
ln$Urban$	0.020	ln$Urban$	0.043 *	W×ln$Urban$	−0.031 *
lnES	−0.486 ***	lnES	0.324	W×lnES	−0.473
ln$Innov$	0.161 ***	ln$Innov$	0.129 ***	W×ln$Innov$	0.169 ***
ln$Dens$	0.085 ***	ln$Dens$	0.068 ***	W×ln$Dens$	0.137 ***
Adj-R^2	0.907	Rho	0.181 **	Log-likelihood	147.307 9
F 统计量	486.94	sigma2_e	0.021 6 ***		

由表 6-3 可知，在不考虑空间因素影响的情况下，数字技术水平

（ln*Digi*）的回归系数为 0.290；考虑了空间因素之后，数字技术水平（ln*Digi*）的回归系数为 0.352。数字技术水平的空间滞后项（*W*×ln*Digi*）系数为 0.157，且在 5% 的水平下显著。由此可知，若不考虑空间因素的影响，普通面板数据回归模型将低估数字技术水平对商贸流通业高质量发展水平的总体效应。另外，空间自回归系数（Rho）为 0.181，在 5% 的水平下显著，表明商贸流通业高质量发展水平具有显著的空间相关性，与莫兰指数和局部莫兰散点图的检验结果一致。

空间杜宾模型的估计结果表明，外贸开放度（ln*Open*）、城市化水平（ln*Urban*）、技术创新水平（ln*Innov*）和人口密度（ln*Dens*）对商贸流通业高质量发展均具有正向影响，且估计系数均通过了 1% 的水平下的显著性检验，相应的空间滞后项对商贸流通业高质量发展的影响则存在显著差异，具体表现在外贸开放度不显著的负向溢出效应、城市化水平显著的负向溢出效应、技术创新水平和人口密度显著的正向溢出效应。总体而言，数字技术水平对商贸流通业高质量发展的空间溢出效应为 0.157，通过 1% 的水平下的显著性检验，验证了上述研究假设。

（四）商贸流通业高质量发展驱动因素效应分解

空间杜宾模型既包含因变量的空间滞后项，又包含自变量的空间滞后项，因此可能导致上述表 6-3 中模型估计系数存在一定的误差。鉴于此，本书借鉴 Lesage 等（2008）的做法，利用偏微分方法将商贸流通业高质量发展驱动因素的总效应分解为直接效应和间接效应。直接效应反映的是本地区自变量的变动对本地区因变量的直接影响；间接效应又称空间溢出效应，反映的是其他地区自变量的变动对本地区因变量的间接影响。总效应反映的是自变量的变动对因变量的影响，等于直接效应与间接效应之和。对上述变量的直接效应、间接效应和总效应进行测度，商贸流通业高质量发展驱动因素效应分解如表 6-4 所示。

表 6-4　商贸流通业高质量发展驱动因素效应分解

变量	直接效应	间接效应	总效应
ln*Digi*	0.368 ***	0.254 **	0.622 ***
ln*Open*	0.056 *	−0.030	0.026
ln*Urban*	0.053 *	−0.011	0.042 *
ln*ES*	0.389	−0.921	−0.532
ln*Innov*	0.118 ***	0.172 ***	0.290 **
ln*Dens*	0.077 **	0.175 *	0.252 *

数字技术水平（ln$Digi$）对商贸流通业高质量发展的溢出效应在 5%的显著性水平下为正，表明数字技术水平提升会对邻近地区商贸流通业高质量发展产生积极影响。由于数字技术具有广泛渗透性、互联互通性和多方共享性，因此一个地区数字技术的发展，不仅将对本地区商贸流通业高质量发展产生正向影响，也会对邻近地区产生普惠性，进而促进其商贸流通业高质量发展。

在控制变量中，外贸开放度（ln$Open$）、城镇化水平（ln$Urban$）、技术创新水平（ln$Innov$）和人口密度（ln$Dens$）的直接效应显著为正，表明上述控制变量对本地商贸流通业高质量发展有显著的促进作用。外贸开放度（ln$Open$）、城镇化水平（ln$Urban$）和产业结构高级化程度（lnES）的间接效应为负但不显著。技术创新水平（ln$Innov$）和人口密度（ln$Dens$）的间接效应显著为正，表明技术创新水平和人口密度的提升不仅有利于本地商贸流通业的发展，也会产生知识、人才和技术的溢出，推动邻近地区商贸流通业发展。直接效应和间接效应的差异带来总效应的差异。城镇化水平（ln$Urban$）、技术创新水平（ln$Innov$）和人口密度（ln$Dens$）的总效应均为正且至少在 10%的水平下通过了显著性检验，外贸开放度（ln$Open$）的总效应为正但未通过显著性检验，产业结构高级化程度（lnES）的总效应为负但未通过显著性检验。

（五）稳健性检验

为考察空间计量模型与理论机制的稳健性，本书借鉴 Habibi 等（2020）的思路，采用互联网普及率指标衡量数字技术水平，通过空间杜宾模型再次检验数字技术水平对商贸流通业高质量发展的溢出效应。稳健性检验结果如表 6-5 所示。由表 6-4 和表 6-5 可知，以互联网普及率对数字技术水平进行表征之后，总体而言，各变量的直接效应、间接效应和总效应的正负性与显著性并未发生大幅度改变，表明本书所采用的空间计量模型具有较强的稳定性和可靠性，同时也说明理论机制的准确性。

表 6-5　稳健性检验结果

变量	直接效应	间接效应	总效应
ln$Digi$	0.181**	1.160***	1.341*
ln$Open$	0.095**	0.084	0.179*
ln$Urban$	0.544	−1.110**	−0.566***
lnES	−0.189	−1.260	−1.449

表6-5(续)

变量	直接效应	间接效应	总效应
ln*Innov*	0.255 ***	−0.227 ***	0.028
ln*Dens*	0.089 ***	0.274 ***	0.363 ***

六、研究结论与政策建议

本书基于数字技术可能对商贸流通业高质量发展产生空间溢出效应这一视角，通过构建综合评价指标体系并采用熵权指数法测算了数字技术水平和商贸流通业高质量发展水平，同时运用时间固定效应的空间杜宾模型对 2010—2019 年中国省级面板数据进行了计量回归。研究结果表明：第一，数字技术水平和商贸流通业高质量发展水平具有显著的空间相关性，呈现"高高集聚"和"低低集聚"的状态。其中，长三角地区、京津冀地区和珠三角地区的数字技术水平和商贸流通业高质量发展水平呈现"双高"格局，而中西部地区和东北地区数字技术水平和商贸流通业高质量发展水平偏低。第二，数字技术水平对商贸流通业高质量发展具有显著的空间溢出效应，且溢出效应与经济发展水平有明显的正向关系，如经济发达的长三角地区、珠三角地区、京津冀地区空间溢出效应明显。

基于研究结论，本书提出以下政策建议：

第一，依托"新基建"战略，提高各地区数字技术水平，推动数字技术与商贸流通业创新深度融合，扩大数字经济规模；促进数字技术在各地区的协同发展；通过专项补贴推进落后地区数字基础设施建设，提高流通企业数字化技术应用水平。

第二，加快"新基建"与"传统基建"协同建设，尤其是西部地区，为数字技术赋能商贸流通业高质量发展提供有力保障；同时，为发达地区数字技术赋能传统产业的空间溢出效应提供基础保障，最终实现数字技术赋能商贸流通业高质量发展区域协同，全面实现我国商贸流通业高质量发展。

第三，政府通过税收、专项补贴和发达地区帮扶欠发达地区等措施，加快"传统基建"与"新基建"在全国各地区的协同融合发展。"传统基建"的数字化程度对批发零售、物流、电子商务、餐饮酒店等商贸流通业数字化转型有直接影响，传统公路、铁路、机场、港口、公共设施等建设的区域间数字化转型、智能化的协同升级，促使商贸流通类企业在产品选择、储存、保养、销售多环节数字化，提升商贸流通规模、绩效、流通基础条件和流通潜力等，促进区域间实现商贸流通业高质量协同发展，促使各地区数字技术赋能高质量均衡发展，畅通国内国际流通渠道，构建国内国际"双循环"新发展格局。

本章小结

推动构建"双循环"新发展格局和商贸流通业高质量发展是党中央做出的重大战略部署，伴随数字技术与产业融合发展程度不断加深，数字技术能否驱动商贸流通业高质量发展，突破商贸流通业发展障碍，走高质量发展之路？本章基于"双循环"新发展格局，以2010—2019年30个省（自治区、直辖市）面板数据为样本，实证检验了数字技术水平对商贸流通业高质量发展的影响及内在机理。本章通过运用熵权指数法和Stata16软件，研究发现，数字技术水平和商贸流通业高质量发展水平在空间上并非随机分布，而是呈现"高高集聚"和"低低集聚"的特征；数字技术的发展不仅有利于推动本地商贸流通业高质量发展，而且对邻近地区商贸流通业的发展也会产生显著的正向溢出效应。数字技术与商贸流通业的融合发展有利于推动传统商贸流通业转型升级、构建现代化商贸流通体系和促进"双循环"新发展格局的建立。

第七章　数字技术驱动商贸流通业高质量发展的实证研究——基于 30 个省份的消费渠道中介效应检验

一、引言

　　2016 年的二十国集团（G20）杭州峰会上，"数字经济"成为 G20 创新增长蓝图中的重要议题之一。数字技术不断升级，有效提升数字经济的发展效率。习近平总书记在亚太经合组织第二十七次领导人非正式会议上提出："数字经济是全球未来的发展方向，创新是亚太经济腾飞的翅膀。"2020 年，我国的数字经济规模为 39.2 万亿元，占 GDP 的 38.6%，传统产业加速数字化转型的步伐。2020 年，中国第三产业的增加值为 54.4%，商贸流通业作为第三产业中的重要组成部分之一，其数字化发展不仅能够优化资源配置、提高产业间的运行效率，还能调整产业结构，加强与其他产业的协同发展，为打造数字中国注入新的活力。商贸物流高质量发展具体表现为数字化、智能化、网络化、标准化、协同化、绿色化以及全球化。

　　5G 技术、物联网、区块链等数字技术与商贸流通业的深度融合，促进新经济、新需求的培育，居民消费需求发生转移，消费潜力下沉，消费价值取向更注重精神层面的满足。截至 2020 年 12 月底，我国平均每 100 人中拥有113.86 部移动电话。移动端设备的普及促进了移动端应用的多元化，覆盖了居民生活的方方面面，使得消费者的消费渠道实现了从线下线上渠道竞争到线上线下渠道融合的转变与跨越。数字技术通过改变要素效率和要素价值，促进商贸流通业高质量发展。因此，加快数字中国建设，应该从多维度研究数字技术对商贸流通业高质量发展的影响机制与路径，这也是本书的研究重点。

加快各行各业数字化转型是经济高质量发展的必然选择。中国商贸流通业如何借助数字技术快速发展融入数字化发展的新模式、新环境，直接影响行业和企业高质量发展水平。基于数字技术而逐渐形成的数字化发展环境，对商贸流通业经营活动的影响是难以避开的。商贸流通企业要得到数字技术带来的创新效应和利润增长效应，快速提高行业和企业自身的技术融合发展能力、找准切入点是最为重要的。数字技术与商贸流通业的融合发展及交互作用，与消费者的渠道选择有着紧密的联系。

二、文献综述

（一）商贸流通业数字化转型的必要性

Kling、Lamb（1999）认为，数字经济是通过网络技术贯穿产品和服务的生产、供应、分配的经济部门。数字经济与各产业融合发展催生了新模式、新业态，带来了基础设施变革、生产方式革新等，既能提高产业的基础能力，又能培育产业的高端竞争力（盛磊，2020；胡西娟、师博和杨建飞，2021）。王开科等（2020）认为，数字技术的应用优化了传统的生产环节和生产组织结构，加强了社会经济活动的信息交流，重塑了实体经济要素体系，进而实现了生产效率的提升。数字经济能够显著促进我国产业结构升级，其影响力具有明显的网络效应（王玉，2021；胡艳、王艺源和唐睿，2021）。数字经济通过多个途径助推商贸流通业提升行业整体效率。谢莉娟和庄逸群（2019）认为，零售业新媒介供需机制通过数字化转型形成柔性生产，适应"拉"式产销逻辑的转变和需求动态。王静和韩启昊（2021）认为，数字经济可以通过创新创业模式、简化中间交易环节、缓解金融流动性约束和改善竞争方式，实现商贸流通业盈利能力的提高。数字技术赋能商贸流通业是世界经济发展的必然选择，"无人化"的新模式节约了人力成本，新零售的新业态推动了线上与线下的良性动态发展，数字化转型重塑了现代商贸流通业生态圈。

（二）数字经济与消费升级的关联性

曾洁华和钟若愚（2021）基于广东省数据分析认为，互联网经济发展水平正向影响了居民消费倾向和消费结构，网络购物渠道和互联网金融刺激了潜在消费需求。数字经济发展实现了需求侧和供给侧的双向驱动，创造了多个数字化的新连接，提高了产业链与供应链的质量（金晶，2021；戚聿东和褚席，

2021）。张峰和刘璐璐（2020）认为，数字化消费体现为消费思维、消费模式、消费内容和消费形式的数字化转型，促进了资本市场与数字经济的深度融合和新消费生态的构建，打通了决策与消费的对接路径。数字金融能够通过优化产业结构显著提升国民消费水平，促进消费升级（江红莉和蒋鹏程，2020；杨伟明等，2021）。数字经济发展和消费升级是相辅相成的，消费者日益增长的消费需求推动着数字技术的进步。数字经济通过大数据和推荐算法等实时反馈消费者需求的变化信息，利用有限的资源最大化地满足消费者多元化需求，突破了时间与空间的局限，实现了消费渠道升级，构建了完善的服务体系。

（三）商贸流通业与消费升级的关系

消费结构升级是商贸流通业创新发展的出发点和落脚点，我国消费领域中享乐型服务产品占比提高，推动了产品结构的升级和零售业附加值的提高（尹向东等，2019；刘玉飞和汪伟，2019；龙少波等，2021）。居民消费升级是提升商贸流通业发展效率的关键因素。我国应扩大内需，创新消费模式、消费观念和消费业态，改善消费结构，助推商贸流通业高质量发展（王可山等，2020；叶悦青，2020）。周晓睿（2018）认为，商贸流通企业利用网络渠道推广和营销产品、服务，可以实现立体营销体系的建立，发挥消费内生动力机制作用。消费升级显著推动电子商务发展，使电商平台衍生了"商对客"（B2C）、个人对个人（C2C）等新商业模式（张俊英等，2019；姜婷，2020）。叶怡雄（2019）认为，电子商务构建了完善的信息管理机制，保障了买卖双方的权益，提升了居民的消费便利度和消费信心，从而引导消费升级。收入是消费支出最重要的影响因素。人均可支配收入不断增加，非物质消费在总收入的占比不断提高，实现消费结构升级，促进商贸流通业增加经济新增值点。消费渠道升级拓宽了商贸流通业的营销渠道，简化了传统消费环节，顺应了现代消费理念，挖掘了潜在客户，是商贸流通业高质量发展的重要驱动力。

三、理论机制与研究假设

（一）数字技术与商贸流通业高质量发展

数字技术提高了流通业的发展质量，降低了供应链整合成本，优化了资源配置，实现了生产、分配和消费之间的循环畅通（俞彤晖和陈斐，2020；张昊，2021）。新零售通过数字技术赋能打造多元化消费场景，重塑零售业的商业逻辑，实现了体验经济的升级（张建军和赵启兰，2018；贾新忠，2021）。数字技术在商贸流通业中的运用，实现了买卖双方信息的交互，使企业能够快速、精确地感知消费需求的变化，避免了时效性导致的商品滞销。相关企业也能够避免市场信息不对称、不完全带来的恶性竞争，推动商贸流通业全面、健康发展。数字技术使物流业实现了产品网络实时追踪、自动按区域分拣货物等，提高了工作效率，降低了人力成本，促进了现代物流体系的构建和城乡物流的精准衔接，助力乡村振兴。会展业随着技术创新不断完善智慧展馆建设，更是在新冠肺炎疫情期间采用线上会展的形式，提高了我国在国际贸易中的地位，为经济复苏增添活力。物流业和会展业的数字化转型促进我国新型农村电子商务体系的建设，加快我国城镇化进程。物流"最后一公里"问题的不断改进提高了消费者体验。同时，部分电商已经在产品展示页面中添加三维（3D）技术，实现线上的试穿、试色等功能，打造先进的数字化消费场景，提高服务质量与维度。数字技术不仅优化了商贸流通业内部结构，还加强了各产业间的联系。彭红枫和梁子敏（2021）认为，数字普惠金融发展引导了商贸流通业供应链的改革，提高了金融对该产业发展的资源配置效率。鉴于此，本书提出假设1。

假设1：数字技术对商贸流通业高质量发展产生正向促进作用。

（二）基于消费渠道的中介效应

网络消费渠道提高了消费时间与空间的灵活性，使消费者能够获取更全面的购物信息，缩短购买时间，提高购买目标的精确性（Lei-da Chen，2008；李宝库等，2018；宋锋森和陈洁，2020）。王国顺和王瑾（2021）认为，网络零售始终稳健增长，通过了经济放缓的考验。如今生活节奏越来越快，时间成本逐渐增加，消费渠道升级减少传统消费过程中的非必要时间，提高消费者的购物效率。网络购物丰富了消费者的购物选择和产品的销售渠道，实现了全方位、全时段消费，扩大了商贸流通企业的经营规模，促进了新型消费方式的培育。随着居民生活习惯的转变，有关企业不断畅通消费渠道，"直播+电商""短视频+电商"等形式不仅优化了线上体验，获得了消费者对产品品质与服务的信任，还能够深层次挖掘客户。新零售将线上和线下两个消费渠道相结合、相互促进，达到了"1+1>2"的效果。线上门店可以利用互联网信息传播的广泛性进行推广，提高品牌的知名度，为线下门店拓展客源，线下实体店则成为线上门店服务的延伸。"线上+线下+现代物流"构建同城智慧物流链，进一步提高流通效率，增加企业的竞争优势。消费渠道多元化还有利于增强商贸流通企业的抗风险能力。新冠肺炎疫情期间，部分餐饮实体店开通外卖服务以维持生存。数字技术创新推动消费渠道改善，不仅满足了消费者多元化需求，提高了消费体验，还提高了商贸流通业的运行效率。鉴于此，本书提出假设2。

假设2：数字技术能够通过实现消费渠道升级助推商贸流通业高质量发展。

四、研究设计

（一）模型构建

根据前面的关于数字技术驱动商贸流通业高质量发展的文献综述和理论分析，为构建数字技术创新→消费渠道升级→商贸流通业高质量发展的驱动路径，本书分别构建了主效应回归模型和中介效应回归模型。

主效应回归模型如下：

$$Com_{it} = \beta_0 + \beta_1 DT_{it} + \beta_2 X_{i(t-1)} + \varepsilon_{it} \tag{1}$$

中间效应回归模型如下：

$$Com_{it} = \beta_0 + \beta_1 DT_{it} + \beta_2 X_{i(t-1)} + \varepsilon_{it} \tag{2}$$

$$CC_{it} = \alpha_0 + \alpha_1 DT_{it} + \lambda X_{i(t-1)} + \mu_{it} \tag{3}$$

$$Com_{it} = \theta_0 + \theta_1 DT_{it} + \theta_2 CC_{i(t-1)} + \theta_3 X_{it} + \delta_{it} \tag{4}$$

其中，Com 表示商贸流通业发展水平，DT 表示数字技术水平，CC 表示中间变量网络消费渠道，X 表示控制变量，i 表示省份，t 表示年份。本书采参考了温忠麟（2004）、Baron R 和 Kenny（1986）提到的传统逐步检验回归系数的方法对中介效应进行检验。但该方法检验能力相对较低，当中介效应较弱时，则采用 Sobel 检验和 Bootstrap 检验，稳健中介效应效果。具体检验过程如下：

首先，本书检验数字技术发展水平是否显著影响商贸流通业高质量发展水平，若 β_1 显著，则进行后续检验。其次，本书检验数字技术水平是否显著影响消费渠道升级，观测系数 α_1 是否显著。最后，本书把数字技术水平和中介变量同时作为关键解释变量对商贸流通业水平进行回归分析。若 β_1 和 α_1 显著，且 θ_2 显著，θ_1 不显著，则存在完全中介效应。若 β_1、α_1、θ_1 和 θ_2 均显著，则存在部分中介效应。若 α_1 和 θ_2 中任意一个不显著，则进行 Sobel 检验和 Bootstrap 检验，避免中介效应弱导致未被检测出来的情况。

（二）数据来源和变量选择

本书选取2013—2019年中国30个省份的面板数据，相关数据来自国家统计局。

1. 解释变量

解释变量为数字技术水平。变量相关说明及测算结果见本书第五章。

2. 被解释变量

被解释变量为商贸流通业水平。变量相关说明及测算结果见本书第五章。

3. 中介变量

本书采用30个省份电子商务销售额（单位：亿元）作为中介变量来表示消费渠道升级后带来的经济效应，进而研究对商贸流通业是否有正向促进作用。由于解释变量和被解释变量指数水平为（0，1），因此本书对中介变量并进行对数处理，缩小数据的绝对数值，以方便计算。

4. 控制变量

本书采用地区第三产业比重（地区第三产业增加值/地区生产总值）、地区城镇化率城（地区城镇人口/地区年末常住人口）和地区高校在校生率（高等学校在校生数量/总人口）作为控制变量。商贸流通业属于第三产业，消费升级包括消费结构升级和消费渠道升级，因此本书选择30个省份第三产业比重能够更精准地检测消费渠道升级是否具有中介效应。城镇化率和高校在校生率则控制了30个省份的经济发展与教育水平带来的影响。控制变量均使用一阶滞后项，杨伟明（2020）认为，这样可以在一定程度上弱化反向因果问题。变量描述性统计结果如表7-1所示。

表7-1 变量描述性统计结果

变量	均值	标准差	最小值	最大值
商贸流通业水平（COM）	0.189	0.128	0.037 3	0.713
数字技术水平（DT）	0.131	0.139	0.025 5	0.940
电子商务销售额（ECOM）	7.474	1.311	3.564	10.31
第三产业比重（IS）	0.487	0.087 3	0.345	0.831
教育水平（EDU）	0.029 8	0.008 29	0.013 8	0.063 7
城镇化（UR）	0.577	0.122	0.354	0.938

五、实证检验

（一）数字技术对商贸流通业高质量发展的影响

表7-2展示了主效应模型的回归结果。模型1只考虑了解释变量与被解释变量的回归关系，模型2则加入了第三产业比重、教育水平和城镇化三个控制变量进行回归分析。从回归结果可以看出，无论是否考虑控制变量，数字技术水平指数对商贸流通业水平指数的系数 β_1 都始终显著（P<0.01）且为正，说明数字技术水平显著促进商贸流通业高质量发展，假设1得到验证。

表7-2　数字技术水平与商贸流通业高质量发展水平

被解释变量	商贸流通业高质量发展水平	
	模型1	模型2
数字技术水平	0.829 884 *** （30.30）	0. 870 912 4 *** （28.81）
第三产业比重		-0.424 586 9 *** （-7.84）
教育水平		0.096（1.73）
城镇化		0.179 621 2 *** （3.85）
R^2	0.815 3	0.86

（二）主效应稳健性检验

为了保障主效应回归结构的可靠性，我们采用替换自变量的方法进行稳健性检验。由各地区专利申请授权数（项）作为衡量数字技术发展水平的指数，先将其进行对数化处理，然后进行回归分析。根据表7-3可以得知，即使更换了数字技术水平的衡量指标，回归系数仍然显著且为正（P<0.01），稳健性检验通过，再次证明数字技术不断创新能够驱动商贸流通业高质量发展。

表 7-3　数字技术水平与商贸流通业水平稳健性检验

被解释变量	商贸流通业高质量发展水平	
	模型 3	模型 4
数字技术水平	0.077 923 5 *** (21.41)	0.072 217 1*** （17.42）
第三产业比重		0.091 782 2 （1.12）
教育水平		1.831 285 *** （2.59）
城镇化		0.123 751 * （4.44）
R^2	0.687 9	0.706 7

（三）数字技术对商贸流通业高质量发展的中介效应

本书在中介效应模型的基础上检验数字技术水平对商贸流通业高质量发展之间的中介效应。由于前面进行了被解释变量与解释变量的回归分析，得出 β_1 显著且为正，因此这里只进行以下两个检验步骤：第一，中介变量和解释变量的回归分析，检验 α_1 的显著性。第二，被解释变量、解释变量和中介变量的回归分析，检验 θ_2 的显著性，并根据 θ_1 的显著性判断是否为完全中介效应。

模型 3 和模型 4 是基于公式（3）进行的消费渠道与数字技术水平的回归分析，模型 5 和模型 6 是基于公式（4）进行的商贸流通业水平、数字技术水平和消费渠道的回归分析，其中模型 5 和模型 7 没有考虑控制变量。数字技术驱动商贸流通业高质量发展的中介效应分析结果如表 7-4 所示。不难发现，数字技术水平指数对消费渠道的系数 α_1 始终显著且为正（P<0.01），说明数字技术发展推动了消费渠道升级。同时，系数 θ_1 和 θ_2 均始终显著且为正（P<0.01），说明消费渠道升级正向显著驱动商贸流通业高质量发展，但属于部分中介效应，消费渠道不是唯一的中介变量，假设 2 得到验证。

表 7-4　数字技术驱动商贸流通业高质量发展的中介效应分析结果

变量	消费渠道		商贸流通业水平	
	模型 5	模型 6	模型 7	模型 8
数字技术水平	6.995 211 *** (16.02)	5.620 411 *** (10.68)	0.616 546 2 *** (17.19)	0.687 151 *** (0.625 88)

表7-4(续)

变量	消费渠道		商贸流通业水平	
	模型5	模型6	模型7	模型8
消费渠道			0.030 497 7 *** (8)	0.032 695 4 *** (9.89)
第三产业比重		−0.633 986 9 (−0.67)		−0.403 858 5 *** (−9.03)
教育水平		26.352 77 *** (3.02)		0.005 594 8 (0.01)
城镇化		3.421 478 *** (4.21)		0.067 754 7 * (1.69)
R^2	0.552 4	0.595 1	0.859 0	0.905 4

(四) 中介效应稳健性检验

本书运用 Sobel 检验和 Bootstrap 检验两种方法实现中介效应稳健性检验。在 Sobel 检验结果中，$P<0.01$，说明显著存在中介效应，且占总效应的21%。在 Bootstrap 检验结果中，直接效应的置信区间为 (0.588 413 7, 0.785 888 4)，间接效应的置信区间为 (0.132 814 6, 0.234 708)，两者置信区间均不包含零，说明存在部分中介效应。

(五) 主效应空间差异与中介效应

为了进一步了解数字技术水平对商贸流通业高质量发展的影响及基于消费渠道的中介效应的地区差异，我们根据东、中、西部省份的划分标准对30个省份进行分区域检验（东部地区包括北京、上海、浙江、广东、江苏、福建、天津、辽宁、河北、山东以及海南11个省份；中部地区包括安徽、江西、河南、山西、湖南、湖北、吉林以及黑龙江8个省份；西部地区包括甘肃、陕西、宁夏、四川、重庆、贵州、广西、云南、青海、新疆以及内蒙古11个省份）。东、中、西部地区主效应和中介效应回归结果如表7-5所示。

表 7-5　东、中、西部地区主效应和中介效应的回归结果

变量			数字技术水平	消费渠道	控制变量	R^2
商贸流通业水平	东部	模型 9	0.832 *** (18.09)		控制	0.849 3
	中部	模型 10	1.163 *** (8.07)		控制	0.811 9
	西部	模型 11	0.663 *** (10.57)		控制	0.656 2
	东部	模型 12	0.509 *** (8.35)	0.063 *** (6.6)	控制	0.907 1
	中部	模型 13	0.845 *** (6.96)	0.034 *** (6.13)	控制	0.892 7
	西部	模型 14	0.383 *** (7.08)	0.018 *** (8.79)	控制	0.835 3
消费渠道	东部	模型 15	5.139 *** (11.34)		控制	0.738 1
	中部	模型 16	9.377 *** (3.37)		控制	0.773 6
	西部	模型 17	15.339 *** (6.19)		控制	0.388 7

注:所有系数均取小数点后三位。

　　模型 9、模型 10、模型 11 为主效应回归结果。不难发现，各区域数字技术水平均显著促进商贸流通业高质量发展（P<0.01）。其中，中部地区的回归系数最高，数字技术水平对商贸流通业的发展影响最大，东部地区的影响程度第二，西部地区的影响程度第三。虽然数字经济在东中部地区发展时间较早，但随着数字技术的广泛应用和相关政策的实施，逐渐缩小了东中部地区与西部地区的数字鸿沟，因此在全国范围内各产业均能享受数字经济红利。根据模型 15、模型 16、模型 17 可以得知，东、中、西部地区的数字技术水平均始终显著驱动消费渠道升级（P<0.01），西部地区的回归系数最高（$\alpha_1 = 15.339$），带动效应最强。模型 12、模型 13、模型 14 为中介效应回归结果，东、中、西部地区均存在部分中介效应。根据中介效应 Sobel 检验结果可以得知，如表 7-6 所示，西部地区中介效应占总效应的比重最高，达到了 42.24%，东部地区中介效应占总效应的比重为 38.83%，中部地区中介效应占总效应的比重为 27.32%。由于商贸流通业高质量发展受到多因素的影响，而东中部地区经济较为发达，第三产业发展水平、教育水平等发展程度高，对商贸流通业高质量发展的影响效应比西部地区大，因此消费渠道升级对该产业发展的经济效应比西部地区小。

表 7-6　Sobel 中介效应的比重结果

区域	中介效应占比
东部	0. 388 258 6
中部	0. 273 243 73
西部	0. 422 386 82

六、研究结论与政策建议

（一）研究结论

《中国数字经济发展白皮书（2020 年）》提出了数字产业化、产业数字化、数字化治理、数据价值化的数字经济框架。关于数字技术能否驱动商贸流通业高质量发展的问题，在前人研究的基础上，本书通过构建数字技术水平、商贸流通业水平的综合指标体系和以消费渠道为中介变量的中介模型，分析了数字技术对商贸流通业的影响效应和内部机制。研究结果表明：第一，数字技术发展水平与商贸流通业高质量发展水平呈正向相关，说明创新数字技术能够显著推动商贸流通业高质量发展。第二，数字技术创新可以通过消费渠道升级驱动商贸流通业高质量发展，但消费渠道不是唯一的中介变量。第三，数字技术对消费渠道、商贸流通业的影响效应和消费渠道在数字技术与商贸流通业间的中介效应存在区域上的差异，但均为显著影响。西部地区还需要加快发展数字经济，缩小与东中部地区之间数字化水平的差距。

（二）政策建议

1. 加快政策支持力度，加快发展数字经济

数字技术是发展数字经济的主要驱动力。政府应该加强高质量创新型人才培养和加大技术创新的资金投入力度，为相关企业提供稳定的人才资源和资金流，加大新数字技术的研发力度，加快建设新基建等数字技术设施，为产业数字化转型夯实基础。政府应推动数字技术与智能技术相结合，实现全行业的高效性、信息化与智能化，使劳动密集型产业逐渐过渡为知识密集型产业，加快各行业数字化发展进程。各地政府应为当地传统产业龙头企业的数字化转型提供扶持政策，充分发挥龙头企业的带头作用，促进当地传统产业与数字经济的

融合发展，优化产业结构，提升全要素生产率，增加就业的数量，提高就业的质量。

2. 促进产业协同发展，助推消费渠道升级，实现商贸流通业高质量发展

数字经济赋能商贸流通业能够催生出更多的新业态、新模式、新产品等，深层次挖掘居民的潜在消费力，注重商贸流通业与数字金融等多个产业的协同发展，推动消费渠道升级，更好地满足消费者在产品选择、支付方式和配送服务等一系列流程中的差异化需求。政府应持续发展新零售商业模式，加强线上、线下和现代物流相结合，通过多渠道融合扩大传统零售服务业的内涵，进一步提升消费者的满足感（陆文娟，2020）。网购平台需要建立良好和健全的信息安全保护机制，避免客户信息泄露问题的发生，提高消费者的信任度，提升商贸流通业高质量发展的效率。

3. 加强西部地区数字基础建设，促进西部地区现代商贸流通体系的形成

董雪兵在中国区域经济50人论坛"西部大开发 新时期 新格局"专题研讨会上提出，以数字经济为引领，推进西部大开发形成新格局，通过发展新型基础设施，推动西部地区数字产业链和消费升级。政府应加大政策倾斜力度，鼓励西部地区小微企业实现数字化转型，在西部地区举办"数博会""智博会"等多种数字会展活动，促进全国技术交流，进一步缩小西部地区与东中部地区的数字差距。西部地区应加快城镇化进程，提高居民人均可支配收入，打造当地现代化物流中心，促进消费升级，鼓励龙头企业与西部地区高校合作，定向培育高质量专业人才，为构建西部现代商贸流通体系注入新活力。

本章小结

数字技术赋能商贸流通业，创新经营模式，提升渠道效能，降低经营成本，提升行业整体效率，是构建"双循环"新发展格局的基础保障条件。本章基于30个省份2013—2019年的数字技术水平指数和商贸流通业水平指数，采用依次回归法分析数字技术对商贸流通业的作用机制及消费渠道在两者之间的中介效应，并基于异质性视角，分析东、中、西部地区的整体效应和中介效应。研究表明：第一，数字技术显著促进商贸流通业发展，中部地区的影响系数最大。第二，消费渠道在数字技术与商贸流通业之间始终显著存在部分中介效应，西部地区中介效应占总效应的比重最大。本章的研究结论对认识数字技术对商贸流通业高质量发展的影响及消费渠道升级的作用具有一定的价值。

第八章　数字化对商贸流通业高质量发展的影响研究——基于民营经济调节效应的研究

一、引言

经历了进入 21 世纪后 20 年的高速发展，商贸流通业正日益成为国民经济运行的先导性产业和基础性产业。2020 年 9 月，习近平总书记在主持召开中央财经委员会第八次会议时指出，流通体系在国民经济中发挥着基础性作用，构建新发展格局，必须把建设现代流通体系作为一项重要战略任务来抓。可见，在构建"双循环"新发展格局的宏观战略背景下，加快推进商贸流通业高质量发展、积极构建现代流通体系已经成为发展的重点之一。

当前，全球新一轮的科技革命和产业革命方兴未艾，以大数据、移动互联网、人工智能为代表的数字技术正加速向各领域渗透，深刻改变了原有的产业发展生态和格局。当前，我国消费领域呈现提质升级、消费分化的趋势，而商贸流通业连接着生产和消费两端，迫切需要推动全行业数字化应用和流通企业转型升级，加快发展数字流通，更好地满足日益增长的新型消费需求。

在以公有制经济为主体，多种所有制经济共同发展的基本经济制度背景下，民营经济在促进经济发展、增加就业和改善民生等方面发挥了不可或缺的重要作用，可以归纳为"56789"，即民营经济创造了中国经济 50% 以上的税收、60% 以上的 GDP、70% 以上的技术创新成果、80% 以上的城镇劳动就业以及 90% 以上的企业数量。那么，数字化促进商贸流通业高质量发展的内在机理是什么？其影响效果如何？在此过程中，民营经济是否存在对两者关系的调节作用？这些问题受到学术界和政策制定者的广泛关注，也是本书着力探讨解决的重要问题。

二、文献综述

数字技术的飞速发展加快了我国各行业数字化转型的步伐，为实现经济社会高质量发展注入了强大动力。许宪春（2020）和李柏洲等（2021）认为，数字化转型是通过大数据、云计算、物联网等数字技术对大量数据进行有效处理和应用，进而作用于经济社会活动并驱动其转型升级的过程。关于数字化方面的研究，主要围绕数字化对产业转型升级或经济社会实现高质量发展的作用机理等视角而展开。在产业转型升级方面，李美宇等（2019）和赵晓飞等（2020）认为，数字化有利于商贸流通业建立信息溯源体系，保证商贸产品品质，改善消费体验，推动商贸流通降本提质，进而建立和完善现代化商贸流通体系。Oestreicher 等（2012）、赵振（2015）、谢莉娟等（2019）认为，产业数字化的实质是实体经济和虚拟经济的深度融合，将驱动我国商贸流通产业向自动化、智能化和智慧化转型升级，对过去长期存在的"生产中心论"实现颠覆性变革。在经济社会高质量发展方面，荆文君等（2019）从微观和宏观两个方面阐述了数字经济与经济增长的关系及其促进经济高质量发展的内在机理。研究表明，在微观层面，数字技术发展有利于规模经济、范围经济和长尾经济的产生；在宏观层面，数字技术通过增加新的投入要素、优化资源配置效率以及提高全要素生产率等方式促进经济发展。在此基础上，丁志帆（2020）引入了中观层面的分析。研究显示，数字经济可以通过产业创新效应、产业关联效应和产业融合效应实现产业结构调整和转型升级。

关于民营经济问题的研究一直是学术界和政府部门关注的重点。学术界从不同视角分析了民营经济发展过程中的若干问题。例如，从民间金融视角，有学者认为，民间金融可以有效地把储蓄转化为投资、提升宏观经济效率（潘士远等，2006），同时将民间资本引向了中小企业，拓宽了中小企业的融资渠道（胡金焱等，2013），进而促进了民营经济的发展。从国有经济与民营经济的关系视角，汪立鑫等（2019）和江剑平等（2020）认为，国有经济和民营经济具有不同的经济定位和产业分工，应是共生发展的关系。从产业发展视角，有学者认为，民营经济对产业结构升级有显著的促进作用，但是具有时空分异特征（刘洪涛等，2019；李富有等，2020）。从影响民营经济高质量发展的因素视角，相关文献从互联网资本（王文涛等，2020）、制度环境（廖开容等，2011；程俊杰，2016；马忠新，2021）、新冠肺炎疫情（王艳，2020）等方面，探讨了相关因素对民营经济高质量发展的影响。

综上所述，诸多学者主要探究了数字化对产业转型和区域经济发展的影响、民营经济与国有经济和产业转型的关系以及民营经济对高质量发展的影响因素等领域，鲜有学者将数字化、民营经济、商贸流通业高质量发展三者有机联系起来，探究民营经济在数字化促进商贸流通业高质量发展过程中的调节作用。

三、理论机制与研究假设

（一）数字化与商贸流通业高质量发展

从微观层面来看，大数据、移动互联网、人工智能、云计算等数字技术的飞速发展，强化了数字经济与实体经济的深度融合，加快了传统产业数字化的步伐。数字技术具有极强的网络效应和共建共享性，随着消费群体数量的大规模增长，相关企业所需付出的边际成本是递减甚至为零的，因此大幅降低了企业所面临的平均成本，更容易形成规模经济（Afuah 等，2003；荆文君等，2019）。规模经济的形成，意味着催生出更多的有效需求，商贸流通企业传统的供应链管理模式越来越难以适应形势的变化。数字技术的发展，直接驱动链群组织变革和创新，增强企业竞争优势，提升产业链和供应链的现代化水平（余东华等，2021），实现对需求和供给的更好匹配，大幅提升商贸流通企业的运营效率。随着消费观念的改变和收入水平的提高，个性化需求渐渐成为消费主流。数字化水平的提高，使得商贸流通企业能够对消费者大量冗余的信息进行有效处理、挖掘、整合和应用，实现对消费者画像，从而精准预测未来市场的需求，不断提升消费数量和质量，大幅增加企业利润，实现供应链、生产链和服务链智能互联（李柏洲等，2021），进而促进商贸流通业在质和量方面实现飞跃。

从中观层面来看，数字化加速了产业创新、产业关联和产业融合，推动了产业结构的调整和转型升级（丁志帆，2020），使产业边界日益模糊，同时也催生出许多新产业、新业态和新模式（曹玉平，2020；胡俊等，2020）。具体来说，对传统产业进行数字化改造，推动了产业的更新与新旧动能的转换，使之产生"动能倍增效应"（李晓华，2018），从而驱动传统产业向自动化、数字化和智能化转型升级。以目前较为火热的新零售模式为例，其通过大数据、人工智能等数字技术对传统零售和电子商务模式的生产流通环节进行优化，驱动零售业态与供应链重构（王宝义等，2020），将线上渠道、线下渠道和高效物流完美融合，以全渠道的方式为消费者提供最便捷的服务。新零售模式的诞生，一方面极大地改善了消费体验，推动商贸流通业由过去的"以生产企业为中心"转变为"以消费体验为中心"，消费者的角色也由过去的"价值消费者"转变为"价值创造者"；另一方面助力零售业摆脱传统线上渠道和线下渠道割据的困境，通过数字技术的赋能，使整个零售业搭建起有效的数字化供应链，极大压缩了各环节成本，大幅提升了零售效率，推动零售业向数字零售和智慧零售转变。

从宏观层面来看，数据已经成为与土地、劳动力、资本和技术并列的生产要素。不仅如此，由于数据的生成规模和速度出现了爆发式增长（李晓华，2013），将传统生产要素进行合理配置，进而优化了资源配置效率，提高了全要素生产率，再加上数据的价格相较于传统生产要素而言更为低廉，因此数据的大规模应用有效打破了传统要素不足的制约，为传统行业可持续发展提供了可能（孙克，2017）。对于商贸流通业来说，数据要素的大量投入，不仅仅是对传统商贸流通环节的优化，更是对其模式的颠覆性创新，推动商贸流通效率实现实质性跃迁。

综合上述分析，本书提出研究假设1。

假设1：数字化有利于推动商贸流通业高质量发展。

（二）民营经济的调节作用

考虑到社会主义市场经济制度的特殊性，民营经济对 GDP 的增长贡献巨大，因此在分析数字化驱动商贸流通业高质量发展的理论机制时，不能忽视民营经济在其中所发挥的重要作用。

相较于改革开放初期我国民营经济的飞速发展，目前民营经济占 GDP 的比重已经趋于稳定，民营经济的内部结构正在发生剧烈变化。这是因为，市场竞争存在显著的马太效应，民营经济的市场结构由改革开放初期的充分竞争型向两极分化及寡头垄断演变成为必然趋势（汪立鑫等，2019）。在此背景下，一大批实力雄厚的商贸流通类民营企业通过不断增加研发投入、促进技术创新、对企业进行数字化改造等措施维持自身市场占有率和竞争优势，同时客观上也促进了数字技术的进步，提高了数字技术应用水平，加深了数字经济对传统行业的渗透，增加了商品附加值和技术含量，推动了商贸流通产业由低端向中高端转型升级，成为商贸流通业实现创新驱动发展的重要动力。

民营经济本身具有极强的逐利性，必然会对各类资源进行布局和重新组织，进而有利于打破行政壁垒、提高资源配置效率和优化营商环境，成为促进区域一体化发展的重要力量（李鲁，2020）。一方面，营商环境的改善能为企业高质量发展提供制度环境保障（赵晓阳等，2017）；另一方面，过去一些地方政府为了自身政绩，限制各类要素资源自由流动，人为地造成了行政壁垒，而民营企业的运营效率较高，能够更加灵活地整合各地丰富的资源，使资本、技术、人才等各类生产要素在地区间充分流动，在一定程度上促进了各地一体化进程，打通了阻碍商贸流通业高质量发展的堵点。一体化程度的提高，意味着各类要素资源能够得到有效配置。在此背景下，数字化对商贸流通业高质量发展的促进作用将得到进一步强化。

基于上述分析，本书提出研究假设2。

假设2：民营经济强化了数字化对商贸流通业高质量发展的促进作用。

四、研究设计

（一）变量选取与说明

1. 被解释变量

被解释变量为商贸流通业高质量发展水平（Hqd）。变量相关说明及测算结果见本书第五章。

2. 核心解释变量

核心解释变量为数字化水平（Dig）。变量相关说明及测算结果见本书第五章。

3. 调节变量

调节变量为民营经济水平（PE）。已有文献对民营经济的概念界定存在一定出入，主要解释有非国有经济、私营经济和私有经济等。本书采用全国工商联对民营经济的概念界定，即民营经济是除国有和国有控股、我国港澳台地区投资、外商投资以外多种所有制经济之和。在衡量一个区域的民营经济实力时，本书借鉴谢莉娟等（2021）的指标选取思路，采用商贸流通业民营经济就业人数/商贸流通业总就业人数进行表征。

4. 控制变量

为了准确度量数字化对商贸流通业高质量发展的影响效应，本书选取可能对商贸流通业高质量发展产生影响的变量作为控制变量，包括技术创新水平（$Innov$）、人口密度（$Dens$）、外贸开放度（$Open$）和金融发展水平（Fin）。技术创新水平的提升能够有效提高商贸流通效率、扩大商贸流通规模，是驱动商贸流通业高质量发展的重要动力，采用专利有效授权数进行表征，取对数；人口密度的提升有利于产生规模经济，有效降低商贸流通业边际成本，采用人口规模除以行政区域面积进行测算，取对数；外贸开放度是商贸流通业实现高质量发展的必要条件，采用进出口总额占地区生产总值的比重进行衡量；金融发展水平的提高为商贸流通业的稳定发展提供了重要因素支撑，采用存贷款余额占地区生产总值的比重进行测度，取对数。

（二）模型构建

为考察数字化水平（$Digi_{it}$）对商贸流通业高质量发展（Hqd_{it}）的影响，本书首先进行 F 检验和 Hausman 检验。检验结果表明，采用双向固定效应模型更为合适，见式（1）。

$$Hqd_{it} = a_0 + a_1 Digi_{it} + b_2 C_{it} + \mu_i + \lambda_t + \varepsilon_{it} \tag{1}$$

为进一步考察民营经济的调节作用，本书加入商贸流通业民营经济水平（PE_{it}）及其与数字化水平的交互项（$Digi_{it} \times PE_{it}$），构建模型见式（2）。

$$Hqd_{it} = a_0 + a_1 Digi_{it} + a_2 PE_{it} + a_3 Digi_{it} \times PE_{it} + b_2 C_{it} + \mu_i + \lambda_t + \varepsilon_{it} \tag{2}$$

在式（1）和式（2）中，a_0 至 a_3 分别表示常数项、解释变量、调节变量和交互项系数，Hqd_{it} 表示第 i 地区第 t 时期的商贸流通业高质量发展水平，$Digi_{it}$ 表示第 i 地区第 t 时期的数字化水平，PE_{it} 表示第 i 地区第 t 时期的民营经济水平，$Digi_{it} \times PE_{it}$ 表示数字化水平和民营经济水平的交互项，μ_i 表示省份固定效应，λ_t 表示时间固定效应，ε_{it} 表示随机扰动项。

（三）数据来源及说明

根据数据的可得性和数据质量要求，本书采用 2013—2019 年 30 个省份的面板数据作为样本数据。数据来源为国家统计局、《中国劳动统计年鉴》以及历年中国互联网络信息中心发布的《中国互联网络发展状况统计报告》。另外，对涉及 GDP 的变量，本书以 2013 年为基期对其进行指数平减处理，得到 2013—2019 年的实际 GDP。相关变量的描述性统计结果如表 8-1 所示。

表 8-1　相关变量的描述性统计结果

变量	样本个数/个	平均值	标准差	最小值	最大值
Hqd	210	0.225	0.119	0.072	0.670
$Digi$	210	0.174	0.131	0.035	0.909

表8-1(续)

变量	样本个数/个	平均值	标准差	最小值	最大值
PE	210	0.914	0.050	0.728	0.977
Digi×PE	210	−0.002	0.011	−0.060	0.012
Innov	210	0.960	1.363	−2.992	3.965
Dens	210	0.865	1.284	−2.525	3.701
Open	210	0.270	0.280	0.014	1.263
Fin	210	1.207	0.282	0.648	2.068

在未加入控制变量时，本书使用 Stata16 软件得出关于数字化水平与商贸流通业高质量发展水平的散点图及线性拟合关系（见图8-1）。由图8-1可见，数字化水平与商贸流通业高质量发展水平存在显著的正相关关系，即数字化水平越高，商贸流通业高质量发展水平越高。经检验，各变量 VIF 最大值不超过10，VIF 平均值为4.23（未超过5），表明各变量之间不存在多重共线性。数字化水平对商贸流通业高质量发展水平影响的具体大小还需要在考虑控制变量的基础上结合计量模型进行探讨。

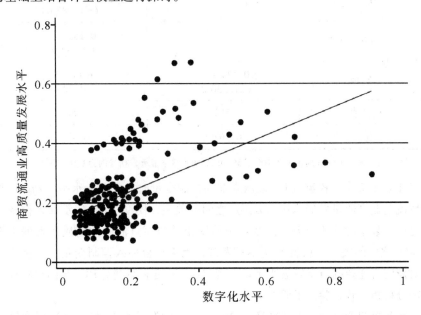

图 8-1　数字化水平与商贸流通业高质量发展水平的散点图及线性拟合关系

五、实证检验

（一）基准结果分析

在未加入调节变量及其与解释变量的交互项时，本书采用双向固定效应模型进行回归。回归结果见表8-2。

表8-2　回归结果

变量	模型（1）	模型（2）
Digi	0. 265 8*** （4. 007 5）	0. 256 3*** （3. 907 9）
Innov		−0. 016 2 （−1. 520 5）
Dens		0. 863 5*** （5. 121 1）
Open		−0. 043 2 （−1. 086 0）
Fin		0. 135 4*** （2. 743 5）
常数项	0. 174 4*** （21. 330 2）	−0. 681 4*** （−4. 229 7）
观测值	210	210
R^2	0. 367 3	0. 476 2

注：*、**、***分别表示在10%、5%和1%的水平下显著，括号内为t值，下同。

在表8-2中，模型（1）表示未加入控制变量时，数字化水平（Digi）与商贸流通业高质量发展水平（Hqd）之间的关系；模型（2）表示加入控制变量之后，数字化水平（Digi）及各个控制变量与商贸流通业高质量发展水平（Hqd）之间的关系。从表8-2不难发现，无论是否加入控制变量，数字化水平对商贸流通业高质量发展水平均呈现出显著的正向促进作用，与前面的理论机制分析相一致，验证了假设1。

在各控制变量中，人口密度（Dens）和金融发展水平对（Fin）对商贸流通业高质量发展均有显著的促进作用，而技术创新水平（Innov）和外贸开放度（Open）对商贸流通业高质量发展的作用并不显著。这表明，目前我国各省份大力推行的"做大做强中心城市"战略为商贸流通业实现高质量发展创造了历史性机遇，因为中心城市对人口、资本、产业来说具有极强的吸引力，做大做强中心城市将不断提升人口密度、强化要素集聚、完善产业配套、优化资源配置，进而推动商贸流通业降本提质，实现高质量发展。

（二）民营经济的调节效应

在基准分析的基础上，本书引入民营经济（PE）及其与数字化水平的交互项，探讨民营经济对数字化水平和商贸流通业高质量之间关系的调节效应。在进行回归分析前，本书首先对交互项涉及的变量，即数字化水平（$Digi$）和民营经济（PE）进行中心化处理。民营经济的调节效应的回归结果如表8-3所示。

表8-3　民营经济的调节效应回归结果

变量	模型（3）	模型（4）
$Digi$	0.244 4*** (3.708 7)	0.550 5*** (7.617 3)
PE	−0.170 4 (−1.437 8)	0.336 8*** (2.663 5)
$Digi \times PE$		5.040 2*** (7.088 7)
$Innov$	−0.016 8 (−1.584 2)	−0.005 8 (−0.611 3)
$Dens$	0.887 2*** (5.253 2)	0.386 6** (2.350 9)
$Open$	−0.051 6 (−1.287 0)	0.014 1 (0.385 7)
Fin	0.127 6** (2.579 2)	0.121 5*** (2.792 3)
常数项	−0.539 1*** (−2.857 5)	−0.610 7*** (−3.674 3)
观测值	210	210
R^2	0.482 5	0.602 2

模型（3）表示未加入调节变量与解释变量的交互项，模型（4）表示加入了调节变量与解释变量的交互项。相较于模型（3），模型（4）的回归结果

中 R^2 由 0.4825 上升到 0.6022，并且其交互项（*Digi×PE*）的系数为正，且在1%的水平下通过了显著性检验，表明在民营经济的调节作用下，民营经济和数字化两者对商贸流通业高质量发展的促进作用更为显著，验证了假设 2。因此，商贸流通领域应该充分发挥我国基本经济制度优势，积极引导和支持民营经济发展完善，鼓励市场各主体公平竞争，不断推动商贸流通业实现高质量发展。为了更加清晰地展示民营经济的调节作用，本书绘制了民营经济的调节作用图，见图 8-2。由图 8-2 可知，当民营经济实力较强时，数字化水平对商贸流通业高质量发展影响的调节作用同时增强，及存在同方向变动关系。

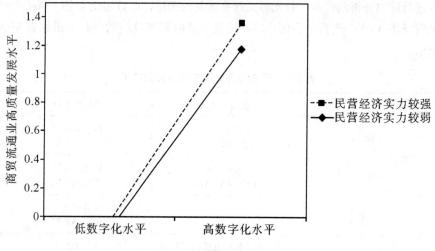

图 8-2　民营经济的调节作用

（三）稳健性检验

考虑到本书的数字化与商贸流通业高质量发展可能存在双向因果关系，即数字化水平提高会促进商贸流通业高质量发展，商贸流通业高质量发展的需求又会倒逼数字基础设施的完善和数字技术水平提高，进而促进数字化水平提高，因此本书借鉴魏江等（2021）的思路，将因变量滞后一期，即采用滞后一期的商贸流通业高质量发展水平处理该问题，以提高模型的稳健性。回归结果见表 8-4 第（1）（2）列。由表 8-4 第（1）（2）列可知，数字化水平（*Digi*）的主效应依然显著为正，交互项（*Digi×PE*）的系数依然显著为正，表明因变量滞后一期的回归结果基本符合预期，模型是较为稳健的。

表 8-4　稳健性检验结果

变量	（1）	（2）	（3）	（4）
Digi	0.387 9*** (6.275 0)	0.516 2*** (6.946 8)	0.181 7*** (3.955 4)	0.342 7*** (6.430 9)
PE		−0.016 1 (−0.128 9)		0.151 4 (1.624 3)
Digi×PE		2.744 5*** (3.553 9)		2.800 9*** (5.342 6)
常数项	−0.703 6*** (−4.479 1)	−0.421 4** (−2.273 6)	−0.134 6 (−1.193 0)	−0.065 5 (−0.534 3)
观测值	180	180	210	210
R^2	0.597 4	0.643 4	0.474 2	0.557 5

注：鉴于篇幅有限，未展示控制变量回归结果。

为了进一步确保模型结论的可靠性，本书采用缩尾处理就数字化对商贸流通业高质量发展的促进作用及民营经济的调节作用进行稳健性检验。本书将商贸流通业高质量发展水平进行上下5%的缩尾处理，大于第95百分位数值的样本采用第95百分位数值进行替代，小于第5百分位数值的样本采用第5百分位数值进行替代，以避免某些极端样本值对模型的影响，具体结果见表8-4第（3）（4）列。由表8-4第（3）（4）列可知，数字化对商贸流通业高质量发展的促进作用及民营经济调节效应的方向和显著性均未发生改变，表明本书所采用的模型是稳健的。

（四）异质性分析

为了进一步考察数字化水平中各维度对商贸流通业高质量发展的作用效果以及民营经济在其中的调节作用，本书对数字基础设施（Infra）、数字应用水平（APPli）、数字经济水平（Eco）和数字素养水平（Liter）分指标进行研究。异质性回归结果见表8-5。表8-5第（1）（2）列分别表示数字基础设施对商贸流通业高质量发展的影响和民营经济在数字基础设施对商贸流通业高质量发展影响中的调节作用，表8-5第（3）（4）列分别表示数字应用水平对商贸流通业高质量发展的影响和民营经济在数字应用水平对商贸流通业高质量发展影响中的调节作用，表8-5第（5）（6）列分别表示数字经济水平在商贸流通业高质量发展的影响和民营经济在数字经济水平对商贸流通业高质量发展影响中的调节作用，表8-5第（7）（8）列分别表示数字素养水平对商贸流通业高质量发展的影响和民营经济在数字素养水平对商贸流通业高质量发展影响的调节作用。不难发现,无论是数字化综合水平,还是数字化综合水平的各个维度,对商贸流通业高质量发展均产生了显著的正向促进作用。民营经济除了数字素养水平对商贸流通业高质量发展影响的调节作用未通过检验之外,民营经济能够正向调节数字基础设施、数字应用水平和数字经济水平对商贸流通业高质量发展的作用,这可能是因为数字素养水平的提升主要取决于当地政府的财政教育投入和高校在校生情况,与民营经济的关联度较低,因此导致民营经济的调节作用未通过显著性检验。在数字基础设施、数字应用水平和数字经济水平等方面,民营经济的表现十分活跃,因此其调节作用十分显著。

表8-5 异质性回归结果

变量	(1)	(2)	(3)	(4)	(5)	(6)	(7)	(8)
Infra	0.171 9 *** (2.878 5)	0.246 4 *** (4.141 5)						
Infra×PE		3.326 9 *** (4.096 3)						
APPli			0.249 0 *** (3.532 6)	0.280 7 *** (4.223 6)				
APPli×PE				2.738 9 *** (4.491 0)				
Eco					0.165 4 *** (3.757 5)	0.394 5 *** (7.954 4)		
Eco×PE						3.904 5 *** (7.517 0)		
Liter							0.482 3 *** (5.727 1)	0.474 1 *** (5.380 2)
Liter×PE								0.175 5 (0.216 6)
常数项	-0.654 7 *** (-3.985 0)	-0.399 1 ** (-2.195 0)	-0.392 7 ** (-2.343 0)	-0.270 3 (-1.451 9)	-0.643 8 *** (-4.016 6)	-0.432 2 *** (-2.671 4)	-0.622 1 *** (-4.097 5)	-0.502 9 *** (-2.809 1)
观测值	210	210	210	210	210	210	210	210
R^2	0.455 5	0.515 6	0.468 1	0.541 6	0.472 9	0.611 2	0.521 7	0.526 9

注:鉴于篇幅有限,未列出控制变量的回归结果。

六、研究结论与政策建议

(一)研究结论

2021年10月,习近平总书记在主持中央政治局第三十四次集体学习时指出:"发展数字经济是把握新一轮科技革命和产业变革新机遇的战略选择。"

本书以数字化引领商贸流通业高质量发展为切入点，基于2013—2019年30个省份的面板数据，将数字化、民营经济、商贸流通业高质量发展三者纳入统一的分析框架之中，在理论机制分析的基础上，运用调节效应模型实证检验数字化对商贸流通业高质量发展的作用效果及民营经济对两者的调节效应。本书得出以下三个结论：第一，数字化水平提高对商贸流通业高质量发展有显著的促进作用，人口密度与金融业发展水平对商贸流通业高质量发展作用明显。因此，大城市的商贸流通业高质量发展水平高于中小城市和农村地区。第二，民营经济提高了数字化对商贸流通业高质量发展的效应，且技术创新水平越高时，该效应越大，即民营经济与技术创新相结合更有利于提高数字化水平，促进商贸流通业高质量发展。第三，从数字化水平各维度来看，民营经济能够促进数字基础设施、数字应用水平、数字经济水平对商贸流通业高质量发展的效应，但是关于数字素养水平对商贸流通业高质量发展的调节效应不明显，主要是因为数字素养提升更依赖国民受教育水平。

（二）政策建议

基于上述研究结论，本书提出以下政策建议：

第一，加强落后地区尤其是农村地区数字基础设施建设，实现城乡数字化基础设施均衡发展，充分发挥数字化对商贸流通业高质量发展的带动作用。目前，我国城乡之间在数字基础设施建设发展上不均衡和不完善，应牢牢抓住乡村振兴的历史机遇，着力补足小城镇及农村地区数字基础设施、交通基础设施和农村流通基础设施等薄弱环节，打通城乡数字要素相关的流通堵点，实现城乡之间各类要素的双向循环和商品的双向流通，进一步扩大商贸流通规模，构建现代化商贸流通体系，实现商贸流通业高质量发展。

第二，大力支持民营经济转型升级，充分发挥民营经济数字技术对商贸流通业高质量发展的作用。民营经济在技术创新上一直发挥着重要作用，尤其是商贸流通业方面的数字技术创新，民营经济的作用突出，地方政府应该充分鼓励民营经济在商贸流通业发展中的创新作用，调动商贸流通业数字化转型中民营经济的积极性，提升数字化水平对商贸流通业高质量发展的促进作用。

第三，持续激发社会主义市场经济的活力，从根本上助推民营经济促进商贸流通业高质量发展的作用，更好地鼓励和引导民营经济蓬勃发展，与公有制经济协同发展，共同促进技术创新，尤其是商贸流通业的技术创新，充分发挥数字技术在商贸流通业高质量发展中的驱动作用，保持商贸流通业强大的活力，推动商贸流通业实现高质量发展。

本章小结

近十年来，数字化对商贸流通业提档升级有显著的作用及数字化能否有效驱动商贸流通业实现高质量发展？民营经济对两者的关系是否存在调节作用及调节作用是否明显？都是值得关注的问题。本书基于2013—2019年省级面板数据，构建数字化和商贸流通业高质量发展的综合指标评价体系，并采用变异系数法测算两者的综合水平，同时引入民营经济作为调节变量，运用调节效应模型实证检验数字化对商贸流通业高质量发展的影响。研究表明，数字化对商贸流通业高质量发展有显著的促进作用；民营经济在此过程中有正向调节作用；从数字化各维度看，民营经济除了对数字素养水平与商贸流通业高质量发展的调节作用未通过检验外，在数字基础设施、数字应用水平和数字经济水平对商贸流通业高质量发展的促进作用方面，民营经济具有明显的调节效应。

第九章 数字化、制度环境与商贸流通业高质量发展——基于中国省级面板数据的门槛回归分析

一、引言

商贸流通业在积极改善民生、充分挖掘内需、助力新发展格局构建等方面发挥着不可替代的重要作用。然而，我国传统商贸流通业普遍存在流通成本过高、流通效率低下、流通环节过长、信息不对称等问题，与高质量发展的根本要求依然存在较大差距。在影响商贸流通业高质量发展的各种因素中，技术创新和技术进步一直被视为核心因素之一，特别是随着第四次工业革命的来临，大数据、云计算和移动互联网等数字技术与经济社会各行业的深度融合，催生出许多新模式、新业态（曹玉平，2020；胡俊等，2020），加快了传统行业向自动化、数字化、智能化转型升级的步伐，大幅度推动传统行业降本提质增效。

随着研究的不断深入，越来越多的学者关注到制度环境这一变量对传统产业发展直接或间接的影响（陈博等，2016；颜燕等，2017；路畅等，2019），特别是党的十八大以来，党中央更加关注制度环境对经济运行和产业发展的引领作用，全面强化了相关领域的制度建设。经济领域内十分重要的一项制度建设便是习近平总书记在党的十八届三中全会上提到的"使市场在资源配置中起决定性作用和更好发挥政府作用"。党的十八大以来，以习近平同志为核心的党中央围绕这个重大问题持续推进简政放权、强化市场在资源配置中的决定性作用、不断建设有为政府，使我国制度环境水平得到大幅提高。那么，数字化对商贸流通业高质量发展的内在机制是什么？制度环境能否影响数字化对商

贸流通业高质量发展的促进效果？其中是否存在门槛效应？这些问题是本章将着重探讨和解决的问题。

近十年来，以云计算、人工智能、移动互联网为代表的数字技术蓬勃发展，加快了传统产业数字化转型的步伐，许多传统行业迎来了颠覆性变革。正因如此，越来越多的学者和决策者关注到数字化蕴含的巨大价值。例如，许宪春（2020）认为，数字化转型是数字技术对大量数据进行有效处理、整合和应用，进而驱动经济社会转型升级的过程。许多学者的研究表明，数字技术的发展将大幅提升全产业链的运营效率，使商贸流通企业能够精准预测顾客需求（McGuire 等，2012），有利于激发流通企业竞争的活力，孕育和创新模式（刘向东等，2018；俞彤晖等，2020），促进商贸流通业降本提效增质（周丹等，2015；李美宇等，2019），推动全渠道流通体系和信息溯源体系的构建（赵晓飞等，2020；何亚玲等，2020），进而推动商贸流通智慧化转型，实现高质量发展。因此，相较于传统因素对商贸流通业的影响，数字技术对商贸流通业的促进作用属于"从 0 到 1"式的跨代创新（杨海丽等，2021）。

随着研究的不断深入，以 North（1971）为代表的新制度经济学最早关注到制度环境对产业升级的中介作用，并指出知识和技术仅决定了潜在产量，实际产量还受到制度环境的调节。国内学者的一些研究表明，完善的市场机制是激发创新的重要动力，并且市场化程度越高，越有利于通过创新实现产业结构转型升级（戴魁早等，2013；白俊红等，2016）。正因为制度环境对产业结构升级具有重要意义，所以我国市场机制不完善也成为产业结构难以优化的重要原因之一（姚德文，2011）。

综合国内外学者的研究，不难发现其研究视角主要集中于数字化对传统商贸流通业的影响和制度环境对产业结构转型升级的作用等方面，在定量研究数字化和商贸流通业发展的关系时，主要采用线性回归方式，较少采用非线性方式，将制度环境、数字化和商贸流通业高质量发展置于同一框架下的研究则更少。因此，本书拟将三者纳入统一的理论实证分析框架之中，探究随着制度环境的变化，数字化与商贸流通业高质量发展之间是否存在门槛效应。本书的研究创新之处在于：第一，在研究内容上，将制度环境纳入数字化与商贸流通业高质量发展之间的关系中，着重分析制度环境在数字化推动商贸流通业高质量发展中的作用。第二，在研究方法上，基于省级面板数据构建门槛效应模型，探究不同的制度环境下，制度环境、数字化和商贸流通业高质量发展之间的非线性关系。

二、理论机制与研究假设

（一）数字化对商贸流通业高质量发展的作用

所谓商贸流通业高质量发展，本书认为是传统商贸流通业在深入贯彻新发展理念、不断提质增效的过程中所实现的发展。数字技术的发展有利于推动传统商贸流通业向数字化、虚拟化和智能化转型，进而实现高质量发展。

首先，数字技术的飞速发展，加快了数字产业化和产业数字化进程，传统行业与新兴行业加速融合，催生了许多新业态和新模式（曹玉平，2020；胡俊等，2020）。新业态和新模式的诞生有利于驱动链群组织变革和创新，增强企业竞争优势，提高产业链和供应链的现代化水平（余东华等，2021）。大数据和人工智能等数字技术对消费者所产生的大量个性化需求、消费偏好等信息进行有效整理和分析，精准预测消费者的消费商品、消费时间、消费地点和消费数量，从而对生产、仓储和物流等过程进行动态化实时调节，大幅降低商贸流通业的各类成本，有效提升运营效率，更好地保证生产和消费两端的利益。

其次，过去农村地区受制于落后的交通基础设施和数字基础设施，导致城乡要素资源双向流通受阻，因此农村商贸流通业发展较为滞后。党的十八大以来，各级政府高度重视农村地区基础设施建设，并提出"数字乡村"的发展战略，大力推进5G等数字基础设施在农村地区的布局，进一步缩小了城乡数字鸿沟。对于商贸流通业来说，农村地区交通基础设施和数字基础设施的不断完善，使农村地区产品的销路进一步拓宽，有效提升了农村居民的可支配收入，进而提振了农村消费需求，畅通了城乡商贸流通要素双向流通机制，驱动城乡商贸流通业协调发展，有效提升了商贸流通业整体规模和发展质量。

最后，在数字技术时代，数据的生成规模和速度出现了爆发式了增长（李晓华，2013），数据已经成为与土地、劳动力、资本和技术并列的生产要素。由于数据相较于其他生产要素而言价格更为低廉，因此数据的大规模应用有效打破了传统要素不足的制约，为传统行业可持续发展提供了可能（孙克，2017）。因此，传统商贸流通业向数字化转型的过程中，由于大量数据的应用，将有效优化资源配置，降低资源错配损失，提升全要素生产率，进而推动商贸流通业高质量发展。

基于上述分析，本书提出假设1。

假设1：数字化有利于推动商贸流通业高质量发展。

（二）制度环境的门槛作用

假设1是基于未考虑制度环境的情况下所提出的，但制度环境对产业转型升级的影响是不可忽略的。当制度环境不完善，即市场化水平较低时，地方政府的过度干预会导致要素市场的扭曲，进而降低劳动回报率和资本回报率，最终抑制了全要素生产率的提升（陈海涛等，2021）。地方官员的晋升锦标赛模式使地方官员在面临经济发展压力时，往往会寻求短期的经济效益，而忽略长期的影响（周黎安，2007），比如通过大量财政补贴、鼓励企业进入不具备相对优势的行业，从而增加财政收入，实现短期经济增长的目的。从长远来看，这会导致大量重复性投资，造成严重的产能过剩（王文甫等，2014；赵静等，2014；王宇等，2018），最终阻碍产业的高质量发展。

当制度环境较为完善，即市场化水平较高时，政府的干预程度大幅降低，此时政府的作用逐渐转变为以优化营商环境、完善制度保障为主，市场真正在资源配置中起决定性作用。第一，市场化程度越高，价格规律越能发挥其作用。对于商贸流通企业来说，其越能根据市场的变化制定相应的运营策略，以更为灵活的方式配置要素资源，充分降低资源错配导致的损失，进而降低商贸流通成本。第二，市场化程度越高，越有利于降低市场准入门槛，营造良好的公平竞争环境，鼓励市场主体充分参与竞争。在充分竞争的过程中，企业不断进行创新，最终推动所在行业实现高质量发展（张杰等，2014）。第三，市场化程度的提高，将压缩企业寻租和政府官员索贿的空间，迫使企业将有限的精力和资源用于技术创新升级方面，最终推动企业所在的行业转型升级（王希元，2019）。

基于上述分析，本书认为，当制度环境不完善时，数字化对商贸流通业高质量发展的促进作用将受到一定程度的抑制；当制度环境完善到一定程度之后，数字化对商贸流通业高质量发展的促进作用将得到进一步强化。基于上述分析，本书提出假设2。

假设2：制度环境在数字化促进商贸流通业高质量发展过程中具有门槛效应。

三、研究设计

（一）变量选取

1. 被解释变量

被解释变量为商贸流通业高质量发展水平（Hqd）。变量相关说明及测算结果见本书第五章。

2. 解释变量

解释变量为数字化水平（*Digi*）。变量相关说明及测算结果见本书第五章。

3. 门槛变量

本书的门槛变量为制度环境（*IE*），但目前学界对制度环境的衡量没有形成统一认识，因此借鉴已有文献的做法（路畅等，2019），采用市场化水平这一指标来评估一个地区的制度环境。对市场化水平的测算，最具代表性的是由王小鲁和樊纲等人编制的市场化指数报告。市场化指数越高，说明一个地区的制度环境越有利于各经济主体的发展。

4. 控制变量

为了较为准确地度量数字化对商贸流通业高质量发展的作用效果，本书选取了一系列可能对商贸流通业高质量发展产生影响的控制变量。具体如下：

（1）技术创新水平（*Tech*）：技术创新是产业高质量发展的重要驱动力，大多数学者主要采用研发经费投入、科研人员数量以及专利数量评估一个地区的技术创新水平。本书借鉴徐磊等（2009）的做法，采用专利有效授权数衡量技术创新水平，并取对数。

（2）金融发展水平（*Fin*）：金融的发展能够切实降低商贸流通业融资成本，推动商贸流通业高效运营，为商贸流通业高质量发展提供了重要的要素支撑。本书采用存贷款余额占国内生产总值的比重对金融发展水平进行衡量，并取对数。

（3）人口密度（*Dens*）：人口密度的提升意味着存在大量的潜在需求，有利于集聚各类生产要素，有效地降低了商贸流通企业的要素成本、流通成本以及时间成本，大幅度提升了商贸流通效率，同时产生出规模经济，从而推动了商贸流通业的发展。本书采用地区常住人口与区域行政面积之比衡量人口密度，并取对数。

（4）产业结构（*Stru*）：随着现代产业结构不断演变，第一产业和第二产业所占比重逐渐下降，第三产业比重不断上升，加速了经济服务化水平的提高，有利于商贸流通业实现高质量发展。本书借鉴干春晖等（2011）的做法，采用第三产业产值/第二产业产值衡量一个地区的产业结构，并取对数。

（5）政府干预（*Gov*）：产业的转型发展离不开政府的有力推动。本书借鉴陈海涛等（2021）的做法，采用政府财政支出规模占 GDP 的比重对政府干预进行衡量。

（6）经济发展水平（*PGDP*）：只有当经济发展到一定水平时，该地区才有能力集聚商贸流通业高质量发展所需的各类要素，如技术、资本、知识、人力等。也只有经济不断发展，该地区才能有效提升当地居民的可支配收入，进而激发商贸流通业的潜在需求。因此，一定的经济发展水平是商贸流通业高质量发展的重要保障，本书采用人均 GDP 衡量经济发展水平，并取对数。

（7）对外开放度（*Open*）：对外开放是有效提振商贸流通规模、促进高质量发展的重要条件。本书采用进出口总额占 GDP 的比重衡量外贸开放度。

（二）数据来源及说明

为了确保数据真实可靠，本书所有数据均来源于官方渠道，其中市场化水平为樊纲等人编制的《中国分省份市场化指数报告》，其他数据来源于国家统计局、《中国统计年鉴》、历年中国互联网络信息中心发布的《中国互联网络发展状况统计报告》以及各省份历年发布的《国民经济和社会发展统计公报》。对涉及 GDP 的变量，本书以 2013 年为基期对其进行指数平减处理，得到 2013—2019 年的实际 GDP。相关变量的描述性统计结果如表 9-1 所示。

表 9-1　相关变量的描述性统计结果

变量	样本个数/个	平均值	标准差	最小值	最大值
Hqd	210	0.224 532 1	0.118 770 9	0.071 937 7	0.670 205 2
Digi	210	0.173 742 9	0.130 742 1	0.035 106 8	0.909 045 3
IE	210	7.162 593	2.054 232	2.371 852	11.639 46
ln*Tech*	210	0.959 799 9	1.362 995	−2.991 74	3.965 374
ln*Fin*	210	1.206 656	0.281 802 3	0.648 120 5	2.067 578
ln*Dens*	210	0.865 332 6	1.283 616	−2.525 036	3.700 536
ln*Stru*	210	0.162 429	0.733 103 5	−2.872 29	1.655 184
Gov	210	0.074 305 6	0.023 906 4	0.034 104 2	0.171 092 4
ln*PGDP*	210	1.610 655	0.386 563	0.786 289 9	2.661 698
Open	210	0.269 854	0.279 995 4	0.014 015 6	1.262 905

（三）模型设定

在数字经济与传统商贸流通业深度融合的背景下，数字技术成为驱动传统商贸流通业数字化升级、实现高质量发展的重要动力，而任何经济活动的发生都离不开一定的制度环境。因此，本书将商贸流通业高质量发展水平作为被解释变量，数字化水平作为核心解释变量，制度环境作为门槛变量，根据Hansen（1999）面板数据门槛模型的基本形式构建本书的单一门槛模型如下：

$$Hqd_{it} = \alpha_0 + \alpha_1 Digi_{it} I(IE_{it} \leqslant \gamma) + \alpha_2 Digi_{it} I(IE_{it} > \gamma) + \mu_i + \varepsilon_{it} \qquad (1)$$

其中，i 表示省份，t 表示年份，IE 为门槛变量制度环境，μ_i 为个体固定效应，ε_{it} 为随机扰动项，$I(\cdot)$ 为指示函数。当 $IE_{it} \leqslant \gamma$ 时，I=1；反之，I=0。

根据 Hansen（1999）的门槛回归理论，当给定一个门槛值 γ 时，可以求出模型的待估系数，从而得到模型的残差平方和。当给定的门槛值越接近真实门槛值时，其残差平方和越小。因此，不断给出门槛值可以寻求使残差平方和最小的门槛值，即真实门槛值。

门槛值确立之后，所有样本可以分为未超过门槛值和超过门槛值两个样本组。其中，α_1 为未超过门槛值时的模型待估系数，α_2 为超过门槛值时的模型待估系数。门槛模型的基本假设为：

$$H_0: \alpha_1 = \alpha_2, \quad H_1: \alpha_1 \neq \alpha_2$$

如果原假设成立，则表明 $\alpha_1 = \alpha_2$，即不存在门槛效应，解释变量对被解释变量的影响是线性的；反之，表明存在门槛效应。此外，通过 Bootstrap 检验可获得 P 值，将 P 值与设定的显著性水平相比较，可以决定是否拒绝原假设。若拒绝原假设，表明存在门槛效应；反之，表明不存在门槛效应。确定单一门槛效应存在之后，可以继续使用上述方法确定双重门槛效应、三重门槛效应是否存在，直到无法拒绝零假设为止。

四、实证检验

（一）基准回归分析

当不考虑制度环境的门槛效应时，本书使用混合最小二乘模型、固定效应模型和随机效应模型估计数字化水平对商贸流通业高质量发展水平的影响（回归结果），如表9-2第（1）（2）（3）列。由此可以看出，无论采用哪种回归模型，数字化对商贸流通业高质量发展均有高度显著的正向促进作用。进一步地，为了验证各个模型的稳定性，本书在第（1）（2）（3）列结果的基础上，继续加入技术创新水平、金融发展水平、人口密度、产业结构、政府干预、经济发展水平和外贸开放度等控制变量，结果见表9-2第（4）（5）（6）列。研究结果表明，无论是否加入控制变量，数字化对商贸流通业高质量发展均有显著的促进作用，表明模型结果具有一定的稳健性。

表 9-2　数字化水平对商贸流通业高质量发展的回归结果

变量	(1) 混合 OLS	(2) 固定效应	(3) 随机效应	(4) 混合 OLS	(5) 固定效应	(6) 随机效应
Digi	0.472 9 *** (8.792 2)	0.261 2 *** (8.623 6)	0.270 6 *** (9.060 3)	-0.058 6 (-0.733 8)	0.227 5 *** (3.987 5)	0.154 8 ** (2.518 1)
lnTech				0.057 9 *** (10.494 0)	0.022 7 ** (2.314 6)	0.014 2 * (1.686 2)
lnFin				-0.093 1 *** (-3.089 0)	0.134 7 *** (2.905 7)	0.004 4 (0.118 2)
lnDens				-0.000 4 (-0.064 4)	0.563 7 *** (3.263 0)	0.040 7 *** (3.801 4)
lnStru				0.012 2 * (1.899 7)	-0.025 7 (-1.065 5)	-0.012 4 (-0.863 8)
Gov				0.170 2 * (1.871 8)	0.543 3 *** (3.975 6)	0.396 1 *** (2.781 5)
lnPGDP				0.042 8 * (1.816 7)	-0.070 0 (-1.499 5)	0.003 0 (0.082 2)
Open				0.187 3 *** (7.167 2)	-0.059 4 (-1.624 8)	-0.002 7 (-0.085 6)
_cons	0.142 4 *** (12.185 0)	0.179 2 *** (32.306 3)	0.177 5 *** (9.241 6)	0.124 5 *** (2.699 0)	-0.270 3 * (-1.710 6)	0.170 9 *** (3.062 5)
N	210	210	210	210	210	210
R^2	0.270 9	0.293 5		0.801 7	0.469 9	

注：*、**、***分别表示在 10%、5% 和 1% 的水平下显著，括号内为 t 值，下同。

（二）制度环境的门槛效应

在上述分析的基础上，本书加入制度环境作为门槛变量，分析数字化对商贸流通业高质量发展的促进作用是否为非线性的。本书首先设置 400 个网格搜寻点，并进行 1 000 次 Bootstrap 重复，检验样本是否存在门槛效应。如果得到的大样本 P 值通过了显著性检验，则继续进行双重门槛和三重门槛检验。制度环境的门槛效应及置信区间见表 9-3。从表 9-3 可以发现，单一门槛检验时，F 值为 32.94，通过了 5% 的水平下的显著性检验；双重门槛检验时，F 值为

15.70，未能通过 5% 的水平下的显著性检验。因此，该样本只存在单一门槛值
（10.877 6）。

表 9-3　制度环境的门槛效应检验及置信区间

门槛数	F 值	10%	5%	1%	门槛值	95% 置信区间
单一	32.94**	25.245 2	30.199 8	46.615 3	10.877 6	[10.11, 10.923]
双重	15.70	43.195 5	58.533 2	89.475 7		

　　进一步地，为了检验上述门槛值的真实性，本书通过构建 LR 统计量绘制
LR 值的曲线图（见图 9-1）。图 9-1 中的虚线表示 5% 的水平下 LR 统计量的
临界值，当门槛值的 LR 值低于虚线时，表示门槛值是真实的，否则是无效
的，而曲线的最低点便是门槛值的 LR 值。由图 9-1 可知，制度环境门槛值的
LR 值低于 5% 的水平下 LR 统计量的临界值，因此制度环境门槛值是真实的。

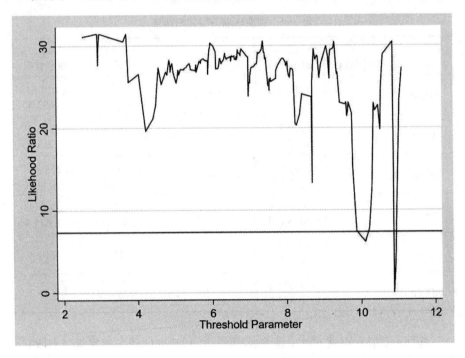

图 9-1　门槛值的 LR 值

（三）门槛回归结果分析

关于综合门槛效应的检验结果，本书采用单一门槛模型对制度环境、数字化和商贸流通业高质量发展三者的关系进行分析，门槛回归结果见表 9-4。由表 9-4 可知，由制度环境门槛影响数字化驱动商贸流通业高质量发展的待估系数 α_1 和 α_2 分别为 0.135 和 0.223 7，且均至少通过了 5% 的水平下的显著性检验，表明当制度环境即市场化水平低于门槛值时，虽然数字化对商贸流通业高质量发展仍有正向促进作用，但是其作用效果较小；当制度环境即市场化水平高于门槛值时，数字化对商贸流通业高质量发展的正向促进作用得到明显的强化。上述结论表明，随着市场化水平不断提高，数字化对商贸流通业高质量发展的推动力度将得到跃升。因此，各级政府应坚定推动"放管服"改革，不断降低市场准入门槛，促进市场主体公平竞争，真正做到让市场在资源配置中起决定性作用，同时更好地发挥政府在优化市场环境方面的作用。

表 9-4　制度环境门槛回归结果

变量	（1）固定效应	（2）固定效应	变量	（1）固定效应	（2）固定效应
$\ln Tech$		0.017 2[*] (1.804 7)	$Open$		0.059 5[*] (1.692 5)
$\ln Fin$		0.129 7[***] (2.859 1)	$Digi_{it}I(IE_{it} \leqslant \gamma)$	0.149 6[***] (3.61)	0.135 0[**] (2.213 5)
$\ln Dens$		0.598 9[***] (3.592 8)	$Digi_{it}I(IE_{it} > \gamma)$	0.301 3[***] (9.70)	0.223 7[***] (4.038 7)
$\ln Stru$		−0.071 6 (−0.640 0)	_cons	0.186 0[***] (32.93)	−0.251 3[*] (−1.675 8)
Gov		−0.568 7[***] (−4.297 3)	N	210	210
$\ln PGDP$		−0.070 4 (−1.537 6)	R^2	0.346 2	0.506 3

此外，在各控制变量中，金融发展水平（$\ln Fin$）和人口密度（$\ln Dens$）对商贸流通业高质量发展均有显著的促进作用，而政府干预（Gov）对商贸流通业高质量发展有显著的抑制作用。其他的控制变量未能在 5% 的水平下通过显著性检验，表明为了促进商贸流通业实现高质量发展，应着重减少政府干预，不断提升金融发展水平，积极构建完善的现代化金融体系，同时出台更加

优惠的人才政策，不断吸引外来人口流入，提升区域人口密度，促进商贸流通业降本提质增效，汇聚起推动商贸流通业高质量发展的强大动力。

（四）制度环境的区域差异性分析

根据制度环境门槛模型回归结果，当市场化水平超过 10.877 6 时，数字化对商贸流通业高质量发展的促进作用将得到跃升。因此，为了进一步分析各省份数字化对商贸流通业高质量发展的促进程度是否跨越门槛，有必要结合樊纲等人提供的关于中国各省份的市场化水平数据，分析我国目前整体的市场化进程。本书以 2013 年、2016 年和 2019 年为例，探究跨越市场化水平门槛值的省份分布情况，结果见表 9-5。由表 9-5 可知，2013 和 2016 年，30 个省份中没有一个省份跨越市场化水平的门槛值。2019 年，跨越市场化水平门槛值的省份增加到 4 个，主要集中在长三角地区，表明我国长三角地区市场机制较为完善，市场化程度较高，政府对市场的干预程度相较于其他省份而言更低，因此数字化对商贸流通业高质量发展的推动作用更加显著。此外，2019 年，北京和广东的市场化水平分别为 10.876 和 10.59，距离跨越门槛值仅一步之遥，而广大中西部地区省份的市场化水平大多在 6~9，距离跨域门槛值仍需要较长时间。

表 9-5　30 个省份的市场化进程

项目	2013 年	2016 年	2019 年
已跨越门槛值	无	无	津、沪、苏、浙
尚未跨域门槛值	30 个省份	30 个省份	其他 26 个省份

综合来看，我国市场化程度较高的省份主要集中在长三角地区、珠三角地区和京津冀地区，而市场化程度较低的省份主要集中在中西部地区，特别是西部地区。因此，对于东部地区来说，其应充分发挥好自身的制度环境优势，不断推进市场化改革，提升市场化水平，凭借自身在数字技术、交通基础设施、商贸物流设施和人才资源等方面的强大优势，充分挖掘商贸流通潜力，推动商贸流通智能化发展。对于中西部地区来说，其应加速市场化进程，积极转变观念，向东部地区学习先进经验，致力于提升自身的市场化水平，强化数字化对商贸流通业高质量发展的促进作用。

五、研究结论与政策建议

（一）研究结论

在制度环境对经济发展的影响作用越来越重要的背景下，本书构建了一个以制度环境为门槛变量的门槛效应模型，探究制度环境、数字化、商贸流通业高质量发展三者的作用机理。随后，本书从多维度构建了数字化水平和商贸流通业高质量发展水平的指标评价体系，并采用变异系数法测算了两者的综合水平。在此基础上，本书基于 2013—2019 年 30 个省份的省级面板数据，采用门槛效应模型对环境制度的重要作用进行了实证分析。研究结果表明：第一，不考虑制度环境的作用时，数字化对商贸流通业高质量发展总是有显著的正向促进作用。第二，不同的制度环境对数字化驱动商贸流通业高质量发展具有差异性。当制度环境有待优化即市场化水平较低时，数字化对商贸流通业高质量发展的推动作用显著但较小；当市场化水平提高到一定程度以后，数字化对商贸流通业高质量发展的正向促进作用将得到跃升。第三，截至 2019 年年底，我国仅有少数几个位于长三角地区、京津冀地区和珠三角地区的省份的市场化水平跨越了（或接近）制度环境的门槛值，大多数中西部地区省份的市场化进程较为滞后，需要继续坚定市场化改革，不断提升本地区的市场化水平，强化数字化对商贸流通业高质量发展的驱动作用。

（二）政策建议

基于上述研究结论，本书提出以下政策建议：

1. 强化数字基础设施建设，推动数字技术赋能

目前，以大数据、云计算、人工智能为代表的数字技术与传统产业加速融合，数字经济蓬勃发展，成为拉动我国经济增长的核心关键力量。但是，相较于欧美发达国家，我国数字经济占 GDP 的比重还不算高，数字基础设施方面的短板还较为明显。因此，对于各级政府来说，其应牢牢抓住新基建的发展机遇，加大对数字基础设施的财政支持力度，大力发展 5G、工业互联网、云计算、人工智能等数字技术，推动传统商贸流通业向数字化、网络化、智能化发展，促进商贸流通业降本增效提质。同时，各级政府应注重协调布局数字基础设施建设，应加大对农村地区特别是偏远农村地区以及数字基础设施建设的支

持力度，着力补足农村数字基础设施短板，弥合"数字鸿沟"，打破传统商贸流通业城乡二元对立的局面，推动城乡商贸流通要素双向循环，有效扩大商贸流通业整体规模和提升其运营效率，大幅降低农村商贸流通业运营成本，实现城乡商贸流通业的协调发展。

2. 坚定市场化改革

制度环境在数字化推动商贸流通业高质量发展的过程中发挥了重要的门槛作用。因此，对于各级政府来说，其应重视制度环境对产业转型、经济发展的重要作用，坚定市场化改革，不断加快市场化进程。首先，各级政府应深化"放管服"改革，厘清政府和市场的边界，努力提高市场的自我调节能力，减少政府行政干预而导致的资源错配、效率损失等问题，真正做到让市场在资源配置中起决定性作用，不断完善中国特色社会主义市场经济体制。其次，各级政府应充分发挥政府在优化营商环境方面的作用。近年来，我国营商环境持续优化，在全球的排名已经由 2012 年的第 91 位上升到 2020 年的第 31 位，大幅跃升了 60 位，各级政府应总结成功经验，持续地把国内的事情办好，推动"有效市场"和"有为政府"的有机结合。最后，各级政府应完善市场体系的基础制度，通过积极建立和完善知识产权保护制度、市场准入负面清单制度、公平竞争审查制度等基础制度，保护和激发市场主体，特别是非国有经济市场主体的投资信心，努力为商贸流通业高质量发展创造良好的环境。

3. 因城施策，区域协调发展

每个地区拥有不同的制度环境，数字化对商贸流通业高质量发展的正向促进效果不同。因此，各地区在推动商贸流通业高质量发展时，应注重制度环境的差异性，因城施策，协调发展。例如，东部地区省份的制度环境较好，市场化水平较高，数字化对商贸流通业高质量发展的促进作用较大，东部地区省份可以着力加大对数字基础设施、高新技术的财政投入力度，进一步提升本地区的数字经济水平，制度环境和技术设施软硬结合，促进数字经济和实体经济深度融合，助力商贸流通业高质量发展。对于中西部地区省份来说，其制度环境相对较差，市场化进程较为滞后，则数字化对商贸流通业高质量发展的促进作用有待进一步强化，其各级政府应积极向东部地区学习，积极转变观念，坚定推进市场化改革，加快市场制度建设的步伐，持续推动政府职能转变，努力营造良好的营商环境。在此基础上，中西部地区省份应加大数字技术方面的投入力度，提升自身数字化水平，进而推动商贸流通业高质量发展。

本章小结

　　党的十八大以来，市场化改革持续推进，经济发展的制度环境持续完善和优化。在此背景下，数字化能否推动商贸流通业高质量发展？数字化对商贸流通业高质量发展的作用是否总是线性的？制度环境在其中是否有门槛作用？为了探究其中的机理，本书基于 2013—2019 年中国省级面板数据，构建了以制度环境为门槛变量的门槛效应模型，实证分析了数字化对商贸流通业高质量发展的作用机理。研究表明，在不考虑制度环境的情况下，数字化对商贸流通业高质量发展有正向促进作用；在考虑制度环境的情况下，数字化对商贸流通业高质量发展具有单一门槛效应。当制度环境不完善时，数字化对商贸流通业高质量发展的正向促进作用较小。当制度环境跨域一定门槛值之后，数字化对商贸流通业高质量发展的促进效果将得到跃升。

第十章 省会城市商贸流通业发展的空间效应——基于 198 个城市零售企业数据的验证

一、引言

在中国的城市发展中，省会城市的地位和功能至关重要。优先发展大城市，做大做强省会城市的同时，中小城市协同发展，是国家城市发展的重要战略之一。当前，我国社会的主要矛盾更加突出发展不平衡与不充分的方面，并且这种矛盾在地区之间及城乡之间更加明显。尽管当前这种地区之间及城乡之间的发展不平衡有所减缓，但是由于区域政策的影响及宏观经济的变动，地区之间及城乡之间日益缩小的发展差距也会面临很大的不确定性（王婷和王义文，2019；钞小静和沈坤荣，2014）。区域经济政策的实施时间及利益导向的差异也都有可能导致与预期完全不同的政策效果并引起各界争议。因此，对在"强省会"战略和"优先发展中小城市"两种政策的实施可行性及政策效果方面，不同的学者持有不同的看法。有学者认为，大城市存在生活成本过高、环境恶化等问题，会导致人才的流失；中小城市也有可能因为大城市集聚过度从而导致发展不足，造成与大城市相比在服务设施、技术等方面的巨大差距，不能很好地承接大城市的种种扩散效应，因此大城市的集聚也就会产生负的外部性，大城市的首位度与产业发展以及经济增长之间的关系相反且存在着短期正相关、长期负相关的关系（潘文卿，2013；周志鹏，2015；程皓，2019）。有学者从空间集聚及空间溢出效应来主张"强省会"的观点，其认为城市的发展规模越大，首位度越高，越会产生明显的溢出效应和集聚效应，从而可以为其他城市带来更高级的科学技术、更多的就业机会以及规模效应等（王小鲁，

2010；何利，2017；张瑶和郭晓平，2019；丁任重和张航，2020）。

商贸流通业的发展对各地区的经济拉动作用越来越显著，省会城市商贸流通业的发展既可以通过技术和知识的溢出效应来带动其他非省会城市商贸流通业的发展，也可能会通过产业竞争优势而产生的虹吸效应来吸取其他非省会城市行业发展的各种资源，从而会阻碍非省会城市商贸流通业的发展。城市的集聚力量分为学习、匹配以及共享三种类型，这三种类型产生的力量会推动各类产业资源向省会城市集聚（Duranton & Puga，2004）。但是，省会城市商贸流通业的发展所带来的先进技术经验及多样化的中间品，也都有可能向周边其他城市溢出，从而促进该地区行业的发展（Baldwin & Forslid，2000；Martin & Ottaviano，1999）。因此，通过实证研究分析省会城市商贸流通业的发展对其他非省会城市的影响，对理解区域商贸流通业发展规律、城市商贸流通业集聚效应的演进趋势以及评估"强省会"战略的政策效果，具有重要的意义。

省会城市首位度与经济增长的关系、大城市的虹吸效应和溢出效应的研究成果丰硕，而商贸流通业的空间溢出效应等研究方面却是一个空缺。例如，较多学者通过使用地理空间模型、Henderson 模型等研究方法，实证得出了经济增长与城市首位度之间呈非线性发展趋势的结论，并且由于地理空间、人口规模等因素的差异，两者之间的相关关系也会存在显著的差别（郭松，2003；王家庭，2012；周志鹏和徐长生，2014；李宝礼和胡雪萍，2018）。已有研究有关于商贸流通业发展溢出效应的成果，如部分著名城市圈内的中心城市及省会城市经济的发展对周边地区及其他城市的溢出与虹吸效应（余静文，2011；朱虹，2012；丁崇和孙斌栋，2016）。有学者使用 EDSA 空间相关分析、地理加权回归和空间误差模型以及空间杜宾模型等分析了我国商贸流通业的产业空间演化与空间溢出效应等（王恒玉，2016；朱道才，2016；曾浩，2016；俞超，2017）。总体来看，现有研究普遍侧重将城市首位度及城市空间溢出效应对经济的影响作为一个整体来看待，缺乏对不同产业及不同地区的对比研究，在商贸流通业的空间溢出效应方面也缺少全面的分析，因此需要继续深入研究。本书将强省会战略与商贸流通业的溢出效应研究整合在一个框架内，不仅拓展了城市首位度对产业影响的研究范围，也丰富了商贸流通业空间溢出效应的理论基础；从省域地理异质性的角度，探索了省会城市商贸流通业对不同地理条件的城市商贸流通业的影响。

关于省会城市商贸流通业虹吸效应和溢出效应的研究，本书参考了赵奎、后青松（2021）使用工业企业数据来研究省会城市经济发展对其他城市经济发展溢出效应的研究方法，邓洋阳（2019）从商贸流通产业空间集聚以及地区差异性来分析溢出效应的方式，黄锐（2019）运用固定效应模型及异质性来分析商贸流通业技术溢出与产业发展内生性关系的方法。

二、理论机制

李献波（2016）、丁任重（2021）以及众多新经济地理学者们在使用空间尺度来研究经济增长和空间集聚之间的关系时，提出当某城市圈内部的中心城市或省会城市商贸流通业在空间上形成集聚中心时，有可能会产生溢出效应和虹吸效应两种效应。省会城市商贸流通业对周边城市商贸流通业是带动和协同发展，还是集中商贸流通业资源制约周边城市发展，取决于溢出效应与虹吸效应的大小。

省会城市商贸流通业集聚发展，通过知识溢出、技术溢出和降低交易成本溢出，产生空间溢出效应。

省会城市商贸流通业的正外部性主要表现为中心城市或省会城市商贸流通业通过示范的溢出效应来带动其他周边城市行业的发展，这种溢出效应体现在创新溢出、知识溢出、技术溢出在经营上对周边城市的带动和示范作用。智慧物流提升效率、节约成本对周边相关行业存在正向效应，最终从产业链和价值链上全方位降低交易成本，实现省会城市对周边城市的总体溢出效应。

省会城市商贸流通业集聚发展，导致资源的马太效应，对周边地区的虹吸效应，即负外部性。

虹吸效应可以通过产业集聚的方式将周边城市商贸流通业的生产要素资源都吸引到省会城市，尤其随着交通条件的改善，周边城市商贸流通业的资源更有可能向省会城市加速集聚（李煜伟和倪鹏，2013），使得周边城市商贸流通业的发展受到制约，整个区域商贸流通业的发展就会出现一种趋向省会城市的向心力，会阻碍区域商贸流通业发展。

数字时代省会城市商贸流通业的资源集聚效应越来越明显，省会城市商贸流通企业规模、技术、服务、商品和品牌均优于非省会城市，省会城市的物流便利和技术获得性高于非省会城市。2020年的统计数据显示，省会城市商贸流通业对周边消费者的吸引力有明显上升态势，省会城市及其商贸流通业发展过快、创新超量，导致周边城市消费者资源向省会城市集聚。交通的便捷程度、互联网的快速发展程度以及数字经济的普及程度较高，加剧了省会城市对周边城市的虹吸效应，如北京周边城市到北京消费的人群逐年增加的态势十分明显。

因此，省会城市商贸流通业的进步与发展对周边城市商贸流通业的发展既会产生正的溢出效应，也可能会产生负的虹吸效应，最终的结果取决于两个效应的相对大小。本书通过实证检验判断省会城市商贸流通业对周边城市的虹吸效应与溢出效应的关系，回答省会城市商贸流通业的效应是正还是负。

三、数据说明和模型设定

（一）数据说明

本书使用的零售企业数据主要来源于中经网统计数据库中的城市年度库和各个城市的统计年鉴，使用的数据为零售企业 2005—2019 年的成本费用情况、财务状况以及产销状况等全部样本[1]，共 15 年、198 个省会城市和周边城市，分城市、分年份的加总数据。一般在企业模型中，企业使用资本和劳动来进行生产，因此我们既可以从零售企业投入角度来衡量商贸流通业的发展水平，即企业的主营业务收入，也可以从零售企业的产出角度来衡量商贸流通业的发展水平，即企业进行生产所使用的资本和劳动的数量。本书分别选用资产、就业以及收入三个经济指标来度量省会城市与周边城市商贸流通业的发展水平。在资产指标方面，本书选用的是零售企业资产总额（$asset$）；在就业指标方面，本书选用的是零售企业年平均雇佣人数（$employ$）[2]；在收入指标方面，本书选用的是零售企业主营业务销售收入（$revenue$）。以上三个变量在中经网统计数据库中的城市年度库以及各个城市的统计年鉴中都有比较详细的数据，可以构造出 2005—2019 年的连续样本。

（二）模型设定

本书使用了 23 个省份[3]的 198 个城市 2005—2019 年的零售企业数据来研究省会城市商贸流通业的发展对于其他城市商贸流通业的影响。本书使用各个城市零售企业的数据构造行业发展的经济指标，并将非省会城市商贸流通业的

---

① 2005 年以前的数据有部分城市缺失，加之 2020 年开始受新冠肺炎疫情的影响，商贸流通业受到的影响巨大，因此本书选取了 2005—2019 年的数据，即相对稳定的样本。

② 对于某些城市缺失年份的年平均雇佣人数，本书使用年末雇佣人数来代替。

③ 不包括北京、上海、天津、重庆四个直辖市；内蒙古、西藏、新疆和青海四个省份众多年份数据有缺失因此排除在外；我国港澳台地区由于数据获取问题因此排除在外。

经济指标与其对应的省会城市商贸流通业的经济指标联系起来。相应的面板回归模型如下：

$$\ln x_{it} = c + \beta \ln x\_capital_{it} + u_i + v_t + \varepsilon_{it} \qquad (1)$$

其中，t 表示年份，i 表示某周边城市，c 为常数项，β 为变量的系数项，x_{it} 为核心被解释变量，$x\_capital_{it}$ 为解释变量，u_i 和 v_t 分别表示控制了城市固定效应和时间固定效应，ε_{it} 为随机扰动项。x_{it} 表示某周边城市的商贸流通业在某一年份上的发展水平，$x\_capital_{it}$ 表示其相对应的省会城市商贸流通业的发展水平。对于被解释变量 x_{it}，本书分别使用零售企业资产总额（asset）、企业年均雇佣人数（employ）以及企业主营业务销售收入（revenue）来衡量周边城市商贸流通产业的发展水平，使用 $x\_capital_{it}$ 来衡量其相对应的省会城市商贸流通业的发展水平。

但是，模型（1）有可能存在内生性问题。由于可能同时存在影响周边城市和省会城市商贸流通业发展的其他因素，如来自商贸流通业的外贸冲击、省级政府或中央的产业扶持政策等，这些第三方因素的存在所产生的内生性问题，会破坏参数回归的一致性，使得回归系数明显要高于真实的效应。省会城市商贸流通业的发展对周边城市商贸流通业的发展会产生溢出效应和虹吸效应。同样地，周边城市商贸流通业的发展业也可能会对相对应的省会城市商贸流通业的发展产生溢出效应和虹吸效应。如果存在这种情况，则会出现周边城市对省会城市反向的因果关系，这也会破坏参数回归的一致性，使得回归系数明显低于或高于真实的情况。除了以上两种情况的存在会产生内生性问题外，样本选择偏差与测量误差等情况也有可能产生内生性问题。因此，本书采取了两种不同的方法来尝试解决内生性问题。第一种方法是控制时间固定效应和城市固定效应进行回归，这种方法可以在一定程度上解决由于遗漏重要变量所带来的内生性问题。第二种方法是使用份额移动法来构造出适合的工具变量，从而解决模型（1）中可能产生的所有内生性问题。利用工具变量解决模型产生的内生性问题也是学者们最常用的方法（王宇和李海洋，2017；蔡万象和李培凯，2021）。

使用份额移动法所构造的工具变量也叫 Bartik 工具变量。其基本思想如下：使用总体增长率和初始的份额构成来模拟出历年变量的估计值，实际值与该估计值高度相关①。以资产为例，外生的全国资产增长率与初始状态的

---

① 本文使用赵奎在其《省会城市经济发展的溢出效益：基于工业企业数据的实证分析》一文中构造 Bartik 工具变量的方法。

$x\_capital_{it}$ 交乘后就可以得到 Bartik 工具变量 x_iv_{it}，在控制了时间固定效应与城市固定效应以后，Bartik 工具变量不会和其他影响因素的残差项相关。该变量与实际的资产水平高度相关，因此该工具变量可以很好地解决由于反向因果和遗漏重要变量等原因而产生的内生性问题。

四、实证检验

（一）基本回归结果分析

本书运用固定效应模型对零售企业数据的总体样本进行 OLS 回归，核心被解释变量为上述构造的周边城市商贸流通业的发展水平，被解释变量为相对应的省会城市商贸流通业的发展水平，分别用零售企业资产总额（*asset*）、企业年均雇佣人数（*employ*）以及企业主营业务销售收入（*revenue*）来衡量商贸流通产业的发展水平。表 10-1 显示了省会城市商贸流通业发展的影响（OLS回归）。

表 10-1　省会城市商贸流通业发展的影响（OLS 回归）

变量	（1）	（2）	（3）	（4）
Part A　被解释变量：lnasset				
lnasset_ capital	0.295 *** (0.088 2)	0.422 *** (0.076 2)	0.551 *** (0.064 4)	0.567 *** (0.084 5)
样本量	344	344	344	344
R^2	0.176	0.115	0.271	0.242
Part B　被解释变量：lnemploy				
lnemploy_ capital	0.317 *** (0.097 8)	0.369 * (0.228 1)	0.547 *** (0.029 3)	0.565 *** (0.075 6)
样本量	344	344	344	344
R^2	0.245	0.278	0.454	0.449
Part C　被解释变量：lnrevenue				
lnrevenue_ capital	0.238 (0.186 5)	0.377 *** (0.050 5)	0.490 *** (0.044 2)	0.594 *** (0.057 8)

表10-1（续）

变量	（1）	（2）	（3）	（4）
样本量	345	345	345	345
R^2	0.281	0.241	0.482	0.396
城市固定效应	Yes	Yes	No	No
时间固定效应	Yes	No	Yes	No

注：*、**、***、分别表示在10%、5%和1%的水平上显著，系数下方括号中数值为稳健标准误；下同。

第一，从企业要素的投入角度来度量商贸流通业的发展水平。表10-1中第（1）列同时控制了时间固定效应和城市固定效应，尽可能同时控制影响周边城市及省会城市商贸流通业发展的其他因素。例如，商贸流通业发展中所遇到的外贸冲击、周边城市所在省级政府及中央所制定的相关产业扶持政策等。第（2）列只控制了城市固定效应进行回归，第（3）列只控制时间固定效应进行回归，第（4）列则显示了未控制时间固定效应与城市固定效应的回归结果。根据OLS回归结果可知，省会城市商贸流通业的发展会促进周边城市商贸流通业的发展，这些回归结果都在1%的水平上显著，并且总体回归系数都比较大，说明省会城市商贸流通业发展的总体溢出效应非常大。平均来讲，省会城市商贸流通业的就业水平每提高1个百分点，会促使周边城市商贸流通业的就业水平提高0.45个百分点；省会城市商贸流通业的资产水平每提高1个百分点，会促使周边城市商贸流通的资产水平提高0.44个百分点。

第二，从产出角度来度量商贸流通业的发展水平。从OLS的回归结果来看，省会城市商贸流通业的发展对周边城市行业的发展影响也非常大。平均来讲，省会城市商贸流通业的发展水平每提高1个百分点，会促使周边城市商贸流通业的发展水平提高0.42个百分点。

总之，所有的回归结果一致性都较高，所有的回归结果都表明在省会城市商贸流通业的发展中溢出效应占有主导地位，省会城市行业的发展会极大地促进周边城市商贸流通业的发展，达到共赢的效果。从具体促进效应来看，省会城市对周边城市商贸流通业发展的促进效应中，就业的促进效应最明显，系数最高，其次是资产的促进效应，收入的促进效应则略小于前两者。从无论是从要素投入角度还是产出角度来看，省会城市商贸流通业的发展都会对周边城市商贸流通业的发展造成非常大的影响，省会城市商贸流通业的发展每提高1个百分点，都会导致周边城市商贸流通业的发展水平提高0.43个百分点。这表明，在本书中由遗漏变量所造成的内生性问题产生的影响不是很大。

在表 10-1 的 OLS 回归中，控制了时间固定效应以及城市固定效应，尽可能地控制影响周边城市、省会城市商贸流通业发展的其他因素。但是，这样只能解决由于遗漏变量所产生的内生性问题，并不能解决由于反向因果关系而产生的内生性问题。从理论上来讲，省会城市商贸流通业的发展可以通过溢出效应促进周边城市商贸流通业的发展，则周边城市行业的发展也可能通过一定的溢出效应来影响省会城市，进而促进省会城市商贸流通业的发展；相反，周边城市行业的发展也可能会产生竞争效应进而会反方向地抑制省会城市商贸流通业的发展。因此，本书用构造工具变量进行 IV 回归的方法来解决以上内生性问题。

表 10-2 显示了省会城市商贸流通业发展的影响（IV 回归）。

表 10-2　省会城市商贸流通业发展的影响（IV 回归）

变量	(1)	(2)	(3)	(4)
Part A　因变量：ln*asset*				
ln*asset_ capital*	0.246 *** (0.084 1)	0.497 *** (0.071 11)	0.368 *** (0.079 1)	0.532 *** (0.069 8)
第一阶段回归结果：				
ln*asset_ iv*	0.717 *** (0.026 7)	0.693 *** (0.024 0)	0.071 6 *** (0.034 5)	0.724 *** (0.011 9)
样本量	322	322	322	322
Part B　因变量：ln*employ*				
ln*employ_ capital*	0.324 *** (0.034 4)	0.326 *** (0.047 2)	0.384 *** (0.041 8)	0.461 *** (0.147 7)
第一阶段回归结果：				
ln*employ_ iv*	0.717 *** (0.217 3)	0.797 *** (0.296 2)	0.747 *** (0.235 0)	0.832 *** (0.255 7)
样本量	321	321	322	322
Part C　因变量：ln*revenue*				
ln*revenue_ capital*	0.357 *** (0.030 4)	0.538 *** (0.052 2)	0.457 *** (0.030 0)	0.547 *** (0.052 8)

表 10-2（续）

变量	(1)	(2)	(3)	(4)
第一阶段回归结果：				
lnrevenue_ iv	0.675 *** (0.015 9)	0.672 *** (0.016 6)	0.645 *** (0.014 4)	0.680 *** (0.013 7)
样本量	322	322	322	322
城市固定效应	Yes	Yes	No	No
时间固定效应	Yes	No	Yes	No

表 10-2 的回归结果增加了第一阶段回归结果的数据①，表 10-2 中 A 部分使用周边城市零售企业总资产额的对数 lnasset 作为被解释变量，并应用相对应的省会城市零售企业的总资产额的对数 lnasset_ capital 作为解释变量，并通过份额移动法构造了 lnasset_ iv 作为工具变量，相应的 B 部分和 C 部分分别以周边城市零售企业年均雇佣人数的对数 lnemploy 和企业主营业务销售收入的对数 lnrevenue_ capital 作为被解释变量，以 lnemploy_ iv 和 lnrevenue_ iv 作为工具变量。三个部分的两阶段回归中的第一阶段回归的结果都在 1% 的水平上显著为正，并且系数都超过了 0.7，这表明在份额移动法下模拟出的省会城市商贸流通业的行业估值与实际省会城市商贸流通业的行业值高度相关。在第二阶段的回归结果中，各部分的回归系数值显著，省会城市商贸流通业的发展每提高 1 个百分点，促进周边城市的商贸流通业的发展提高 0.45 个百分点。表 10-2 中四列回归结果为 0.32~0.54，四列之间的回归系数值比较接近，再次证明本书中由于遗漏变量所造成的内生性问题产生的影响不明显。但是，IV 回归结果与 OLS 回归结果相比，IV 回归结果中的系数明显大于 OLS 回归结果中的系数，表明存在反向因果关系，即周边城市商贸流通业的发展通过反向的竞争效应来降低省会城市商贸流通业的发展水平。由于这种反向因果的存在，出现表 10-1 中的 OLS 回归结果低估了来自省会城市商贸流通业的溢出效应。

表 10-2 的回归结果表明，省会城市商贸流通业的溢出效应显著，省会城市商贸流通业的发展水平每提高 1 个百分点，促使周边城市商贸流通业的发展水平提高 0.38~0.48 个百分点，省会城市商贸流通业的溢出效应对周边城市

---

① OLS 回归所使用的样本为 2005—2019 年的数据，但是因为使用 2005 年初始年份的数据构造了工具变量，所以 IV 回归的估计是从 2006 年开始的。由此 IV 回归的样本估计量要小于 OLS 回归的样本估计量。

行业的影响是非常大的。但是，表10-2的IV回归系数值要高于表10-1的OLS回归系数值，因此周边城市商贸流通业的创新与发展将会对省会城市商贸流通业产生阻断效应，如对周边城市消费者到省会城市购物的明显阻断效应。

（二）异质性分析

上述分析了省会城市与周边城市商贸流通业发展的溢出效应，但是省会城市与周边城市之间还存在空间溢出效应。地理距离的大小会影响空间溢出效应，离省会城市越近的周边城市越有机会享受省会城市商贸流通业发展带来的数字技术、规模效益的外部性等，周边城市可以充分利用地理优势，承接省会城市商贸流通业发展所带来的扩散效应，充分利用商贸流通业的空间溢出效应，实现比与省会城市不相邻其他周边城市更快速的发展（余静文和王春超，2011；朱虹和徐琰超，2012）。因此，周边城市与省会城市地理距离越小，周边城市商贸流通业的发展受到省会城市溢出效应的影响就越大。据此，为用周边城市与省会城市是否相邻来度量两地之间的地理距离，本书将周边城市与省会城市相邻、周边城市与省会城市不相邻分成两组，并对两组数据进行回归。表10-3显示了异质性分析（相邻的影响）。

表10-3　异质性分析（相邻的影响）

变量	(1)	(2)	(3)	(4)	(5)	(6)
	与省会城市相邻			与省会城市不相邻		
	lnasset	lnemploy	lnrevenue	lnasset	lnemploy	lnrevenue
$lnx\_capital$	0.497*** (0.071 1)	0.627*** (0.161 8)	0.548*** (0.048 8)	0.384*** (0.081 3)	0.522*** (0.139 1)	0.490*** (0.051 3)
样本量	322	321	322	321	320	322
城市固定效应	Yes	Yes	Yes	Yes	Yes	Yes
时间固定效应	Yes	Yes	Yes	Yes	Yes	Yes

表10-3显示了分组的IV回归结果，其中每一个组样本都控制了时间固定效应和城市固定效应。第（1）列到第（3）列是将与省会城市相邻的周边城市样本与省会城市样本进行回归，第（4）列到第（6）列是将与省会城市不相邻的周边城市样本与省会城市样本进行回归。第（1）列与第（4）列用企业总资产额的对数lnasset来度量商贸流通业的发展水平，第（2）列与第（5）列用企业年平均雇佣人数的对数lnemploy来度量行业的发展水平，第（3）列

和第（6）列用企业主营业务销售收入的对数 lnrevenue 来度量行业的发展水平。从表 10-3 的回归结果可以看出，与省会城市相邻的样本组中，省会城市商贸流通业的发展水平每提高 1 个百分点，会促使周边城市商贸流通业的发展水平提高 0.55 个百分点；与省会不相邻的样本组中，省会城市商贸流通业的发展水平每提高 1 个百分点，会促使周边城市商贸流通业的发展水平提高 0.46 个百分点。总之，无论周边城市是否与省会城市相邻，省会城市商贸流通业的发展对周边城市商贸流通业的发展都会产生非常显著的溢出效应，并且这种溢出效应都在 1% 的水平上显著。对比与省会城市相邻和不与省会城市相邻的两组样本回归结果可知，与省会城市相邻的样本组溢出效应普遍比不与省会城市相邻的样本组溢出效应更高。因此，实证表明地理距离的大小会显著影响空间溢出效应。

五、研究结论与政策建议

（一）研究结论

第一，省会城市商贸流通业的发展对周边城市商贸流通业的发展具有明显的溢出效应。实证结果均表明，在省会城市商贸流通业的发展中溢出效应大于虹吸效应，省会城市商贸流通业的发展每增长 1 个百分点，都会促进周边城市商贸流通业增长 0.43 个百分点。省会城市的商贸流通业具有更先进的技术、创新优势、更高的生产效率以及更低的成本等，进而可以对周边城市产生明显的溢出效应。

第二，周边城市商贸流通业借助数字技术传播特色商品、经营、场景布置、服务等信息，同时周边城市地价便宜、交通便利、商品价格优势明显，借助各种新技术与省会城市商贸流通业融合发展，省会城市的先进管理理念、技术和综合创新对周边城市有明显的示范作用。因此，溢出效应大于虹吸效应。非省会城市对省会城市的商贸流通业发展有明显的促进作用。

第三，地理距离的大小会显著影响空间溢出效应。实证结果表明，与省会城市相邻的样本组溢出效应普遍比与省会城市不相邻的样本组溢出效应更高。与省会城市相邻的周边城市的商贸流通业，由于地理位置优势，靠近劳动和资本密集的区域，该区域内的商贸流通产业可以吸收更多的劳动投入、技术支持以及资金投入（张振和李志刚，2021），可以实现资源共享和节约成本，进而可以形成商贸流通业的规模效应和促进行业飞速发展，由此造成了省会城市商贸流通业与周边城市商贸流通业之间的空间异质性。

（二）政策建议

第一，依托省会城市公有制商贸流通业资金、技术和人才优势，加大商贸流通业创新力度，以营造产业创新生态为重点，提升省会城市商贸流通业的创新首位度。政府应优化商贸流通业的产业布局，积极形成产业聚集，进一步发挥省会城市商贸流通业的带动效应，带动省内其他产业和周边城市商贸流通业的发展，提升省会城市产业首位度。政府应当破除各种制约省会城市商贸流通业发展的财政税收等多种制度壁垒，为省会城市商贸流通业的各类资源在其他城市的流动创造较为自由的市场环境。政府应该在进行商贸流通资源分配时适当突出各类重点，积极制定各种类型的激励政策和产业扶持政策，鼓励周边城市商贸流通业做大做强，进而充分发挥省会城市商贸流通业与周边地区的协同发展。

第二，依托连锁经营、数字技术赋能，促进省会城市与周边城市商贸流通产业的协调发展。政府需要强化省会城市与周边城市商贸流通业的共生发展理念，做好商贸流通业的区域发展规划，通过连锁经营与数字技术促进省会城市与周边城市产业的协调发展。因此，政府在制定商贸流通业的区域发展战略时，为了充分发挥省会城市商贸流通业发展的引领作用，不仅需要合理分配资源、完善产业政策，更需要通过寻找合适的市场机制，优化商贸流通业态结构和布局。政府应避免过度吸收省会城市商贸流通业发展的资源，通过省会城市商贸流通业开展连锁经营，加强省会城市商贸流通业的示范作用，保持周边城市与省内其他中小城市以及其他省份的省会城市商贸流通业的互动交流，增强周边城市与省会城市行业发展的协调性，形成竞争有序、分工明确的生态产业链。但是，政府也要积极避免省会城市产业结构的不合理而对周边城市产生虹吸效应的陷阱。

第三，通过共建物流供应链，加强省会城市与偏远城市之间商贸流通业的价值链合作。省会城市在产业布局上需要找准自身定位，有所为而有所不为，尽量选择带动力强的基础性上游产业及价值链中的关键环节，努力为省份内其他中小城市的产业发展提供中间投入品。本书的实证分析表明，对于那些与省会城市不相邻并且远离省会城市的周边城市来说，其受到省会城市商贸流通业发展溢出效应的影响较小。这也表明需要进一步加强省会城市与省份内其他距离较远的城市之间的互联互通，也为区域内各个周边城市之间的优势互补与分工合作打下了坚实的基础，进而扩大省会城市商贸流通业发展的溢出效应。因此，通过省会城市流通企业与偏远地区流通企业共建物流供应链和配送系统，加强省会城市对偏远城市的经营带动，引导与鼓励省份内周边城市进行交流融合，增强城市之间商贸流通业的交流沟通，加强区域之间的合作，不仅能改善偏远地区商贸流通业的发展状况，还能促使产业资源向省会城市流动，促进省会城市商贸流通业的发展。

本章小结

　　本书运用零售企业 2005—2019 年的投入和产出经济指标来衡量省会城市与周边城市商贸流通业的发展水平，通过使用份额移动法构造出 Bartik 工具变量来解决面板回归模型中的内生性问题。研究结果表明，省会城市商贸流通业的发展水平每提高 1 个百分点，促使非省会城市商贸流通业的发展水平提高 0.38~0.48 个百分点。但是，IV 回归结果表明，周边城市行业的发展对省会城市行业的发展具有明显的反向因果关系。在异质性分析中，地理距离的大小也会显著影响空间溢出效应。省会城市的首位度对商贸流通业的溢出效应有明显作用。

参考文献

[1] 艾麦提江·阿布都哈力克，卓乘风，邓峰. 我国"一带一路"沿线商贸流通产业专业化与经济增长方式转变：基于城市化调节效应的研究 [J]. 商业研究，2017 (10)：64-71.

[2] 安淑新. 促进经济高质量发展的路径研究：一个文献综述 [J]. 当代经济管理，2018, 40 (9)：11-17.

[3] 白光裕，王印琪，梁明. 我国贸易新业态新模式发展存在的问题及对策研究 [J]. 国际贸易，2021 (9)：31-37.

[4] 白俊红，卞元超. 要素市场扭曲与中国创新生产的效率损失 [J]. 中国工业经济，2016 (11)：39-55.

[5] 白雪洁，宋培，李琳，等. 数字经济能否推动中国产业结构转型：基于效率型技术进步视角 [J]. 西安交通大学学报（社会科学版），2021, 41 (6)：1-21.

[6] 毕波. 国际贸易和电子商务协同发展探析 [J]. 商业经济研究，2020 (13)：151-154.

[7] 蔡万焕，李培凯. 管理学研究中的内生性问题及其解决策略：工具变量的应用 [J]. 中国人力资源开发，2021, 38 (2)：6-22.

[8] 曹小勇，李思儒. 数字经济推动服务业转型的机遇、挑战与路径研究：基于国内国际双循环新发展格局视角 [J]. 河北经贸大学学报，2021 (5)：101-109.

[9] 曹玉平. 互联网普及、知识溢出与空间经济集聚：理论机制与实证检验 [J]. 山西财经大学学报，2020, 42 (10)：27-41.

[10] 曹允春，王曼曼. 基于 Feder 模型的商贸流通业对区域经济的溢出效应研究 [J]. 管理现代化，2017 (3)：41-43.

[11] 曹志鹏. 市场化改革背景下营商环境优化与流通产业高质量发展：以长三角城市群为例 [J]. 商业经济研究，2020 (23)：159-162.

[12] 曾浩，杨天池，高苇. 区域经济空间格局演化的实证分析 [J]. 统计与决策，2016 (1)：106-109.

[13] 曾嘉懿. 人力资源投入对商贸流通业科技创新的作用机制分析 [J]. 商业经济研究，2018 (11)：31-33.

[14] 曾洁华，钟若愚. 互联网推动了居民消费升级吗：基于广东省城市消费搜索指数的研究 [J]. 经济学家，2021 (8)：31-41.

[15] 曾小艳，祁华清. 数字金融发展对农业产出的影响机理及结构效应 [J]. 贵州社会科学，2020 (11)：162-168.

[16] 钞小静，沈坤荣. 城乡收入差距、劳动力质量与中国经济增长 [J]. 经济研究，2014，49 (6)：30-43.

[17] 车小英. 共享物流理念下跨境电商物流海外仓联盟的探讨 [J]. 对外经贸实务，2019 (3)：81-84.

[18] 陈博，尚晓贺，陶江. 制度环境、银行信贷与高技术产业发展：基于省际面板数据的实证分析 [J]. 经济问题探索，2016 (5)：1-8.

[19] 陈海涛，李成明，董志勇. 经济转型中地方政府干预的门槛效应研究：基于全要素生产率的视角 [J]. 宏观经济研究，2021 (8)：17-27.

[20] 陈虎，张帆. 攀枝花市商贸流通业竞争力研究 [J]. 开发研究，2011 (3)：55-58.

[21] 陈景华，徐金. 中国现代服务业高质量发展的空间分异及趋势演进 [J]. 华东经济管理，2021，35 (11)：61-76.

[22] 陈静. 电子商务环境下物流企业管理创新模式探讨 [J]. 商业经济研究，2020 (10)：110-112.

[23] 陈娟，吕波. 连锁经营数智化转型的路径选择与实践创新：第十届中国商贸流通企业发展论坛暨数智化连锁经营高峰会观点综述 [J]. 中国流通经济，2021，35 (1)：113-128.

[24] 陈君. 农村消费升级背景下城乡双向商贸流通服务体系构建 [J]. 改革与战略，2015，31 (7)：99-101，110.

[25] 陈丽娟，刘蕾. 消费4.0升级驱动下零售业模式创新及转型路径 [J]. 企业经济，2021，40 (4)：80-87.

[26] 陈玲. 现代商贸业的产业先导作用及创新发展路径 [J]. 城市问题，2010 (10)：71-75.

[27] 陈默，胡绪华. 供给侧改革背景下技术进步、产业升级与商贸流通业再发展 [J]. 商业经济研究，2019 (7)：9-12.

[28] 陈湉. 数字化零售与供给效率对供应链信息结构优化的影响研究 [J]. 商丘师范学院学报, 2021, 37 (4)：85-88.

[29] 陈文晶. 推动商贸流通业发展的创新机制研究 [J]. 商业经济研究, 2017 (6)：133-134.

[30] 陈晓暾, 熊娟. "一带一路" 倡议背景下我国智慧物流发展路径研究 [J]. 价格月刊, 2017 (11)：57-61.

[31] 陈新年. 顺应居民消费升级趋势 加快构建新发展格局：疏解消费升级难点堵点痛点的建议 [J]. 宏观经济管理, 2021 (3)：24-29.

[32] 陈衍泰, 罗海贝, 陈劲. 未来的竞争优势之源：基于数据驱动的动态能力 [J]. 清华管理评论, 2021 (3)：6-13.

[33] 陈杨, 郭松明, 高杨. 互联网经济对流通业发展的影响：基于交易成本的中介效应 [J]. 商业经济研究, 2019 (22)：23-25.

[34] 陈宇峰, 章武滨. 中国区域商贸流通效率的演进趋势与影响因素 [J]. 产业经济研究, 2015 (1)：53-60.

[35] 程俊杰. 制度变迁、企业家精神与民营经济发展 [J]. 经济管理, 2016, 38 (8)：39-54.

[36] 崔凯, 冯献. 数字乡村建设视角下乡村数字经济指标体系设计研究 [J]. 农业现代化研究, 2020 (6)：899-909.

[37] 戴魁早, 刘友金. 行业市场化进程与创新绩效：中国高技术产业的经验分析 [J]. 数量经济技术经济研究, 2013, 30 (09)：37-54.

[38] 道格拉斯·C. 诺思, 张五常, 等. 制度变革的经验研究 [M]. 罗仲伟, 译. 北京：经济科学出版社, 2003.

[39] 邓洋阳. 商贸流通产业空间集聚与溢出效应研究 [J]. 商业经济研究, 2019 (24)：17-20.

[40] 丁倩兰, 张水旺, 梅瑜, 等. 数据驱动的智慧供应链生态体系构建 [J]. 商业经济研究, 2020 (18)：38-41.

[41] 丁任重, 许渤胤, 张航. 城市群能带动区域经济增长吗：基于 7 个国家级城市群的实证分析 [J]. 经济地理, 2021 (5)：37-45.

[42] 丁任重, 张航. 城市首位度与区域经济增长的互动：基于空间多重形式分析 [J]. 当代经济科学, 2020, 42 (5)：16-27.

[43] 丁述磊, 张抗私. 数字经济时代新职业与经济循环 [J]. 中国人口科学, 2021 (5)：102-113, 128.

[44] 丁嵩, 孙斌栋. 空间相互作用与城市经济增长: 来自长三角的证据 [J]. 人口与经济, 2016 (4): 71-81.

[45] 丁志帆. 数字经济驱动经济高质量发展的机制研究: 一个理论分析框架 [J]. 现代经济探讨, 2020 (1): 85-92.

[46] 董誉文, 徐从才. 中国商贸流通业增长方式转型问题研究: 全要素生产率视角 [J]. 北京工商大学学报 (社会科学版), 2017, 32 (1): 31-41.

[47] 杜庆昊. 数字产业化和产业数字化的生成逻辑及主要路径 [J]. 经济体制改革, 2021 (5): 85-91.

[48] 范晓莉, 李秋芳. 数字经济对产业结构转型升级的影响: 基于中国省级面板数据的实证分析 [J]. 现代管理科学, 2021 (7): 108-120.

[49] 范月娇. 物流配送对网络零售市场拓展的影响 [J]. 商业时代, 2007 (13): 13-14.

[50] 方昊炜, 徐晔, 袁琦璟. 数字贸易、产业结构升级与经济高质量发展: 基于中介效应模型 [J]. 价格月刊, 2021 (6): 65-71.

[51] 方堃, 李帆, 金铭. 基于整体性治理的数字乡村公共服务体系研究 [J]. 电子政务, 2019 (11): 72-81.

[52] 方妙英. 人力资源管理效率与商贸流通企业绩效的关系分析 [J]. 商业经济研究, 2018 (9): 34-36.

[53] 冯浩, 朱美荣, 何思炫. 农业保险与农业高质量发展的耦合协调关系研究: 以安徽省为例 [J]. 江苏农业科学, 2021, 49 (12): 222-228.

[54] 傅龙成. 改革开放再出发, 商贸流通业应从高速增长转向高质量发展 [J]. 商业经济研究, 2018 (23): 2.

[55] 干春晖, 郑若谷, 余典范. 中国产业结构变迁对经济增长和波动的影响 [J]. 经济研究, 2011 (5): 4-16, 31.

[56] 高凯. "互联网+" 时代传统零售业商业模式创新路径 [J]. 企业经济, 2017, 36 (5): 155-159.

[57] 郭俊辉, 张军. 数据赋能零售的消费者分阶段决策模型构建 [J]. 浙江科技学院学报, 2021, 33 (2): 96-106.

[58] 郭松. 城市规模对经济增长影响的实证研究 [D]. 大连: 东北财经大学, 2006.

[59] 郭莹. 发展商贸流通业, 畅通实体经济 "血脉" [J]. 人民论坛, 2017 (4): 84-85.

[60] 何江, 钱慧敏. 跨境电商与跨境物流协同关系实证研究 [J]. 大连理工大学学报 (社会科学版), 2019, 40 (6): 37-47.

[61] 何利. 中国省会城市首位度结构特征研究: 基于经济分布的实证分析 [J]. 技术经济与管理研究, 2017 (6): 111-115.

[62] 何亚玲, 王生荣. 大数据视角下的欠发达地区农产品电子商务平台创新研究: 以甘肃陇南为例 [J]. 中国农业资源与区划, 2020, 41 (3): 271-277.

[63] 何玉, 长王伟. 数字生产力的性质与应用 [J]. 学术月刊, 2021, 53 (7): 55-66.

[64] 何玉长, 刘泉林. 数字经济的技术基础、价值本质与价值构成 [J]. 深圳大学学报 (人文社会科学版), 2021, 38 (3): 57-66.

[65] 贺刚. 金融创新对商贸流通业发展的影响: 基于区域经济理论的研究 [J]. 商业经济研究, 2019 (4): 149-151.

[66] 胡金焱, 张博. 民间金融、产业发展与经济增长: 基于中国省际面板数据的实证分析 [J]. 中国工业经济, 2013 (8): 18-30.

[67] 胡俊, 杜传忠. 人工智能推动产业转型升级的机制、路径及对策 [J]. 经济纵横, 2020 (3): 94-101.

[68] 胡丽君. 数字经济背景下零售商业模式创新的实践与启示: 基于苏宁易购的案例研究 [J]. 江苏商论, 2021 (3): 3-6.

[69] 胡平波, 钟漪萍. 政府支持下的农旅融合促进农业生态效率提升机理与实证分析: 以全国休闲农业与乡村旅游示范县为例 [J]. 中国农村经济, 2019 (12): 85-104.

[70] 胡西娟, 师博, 杨建飞. "十四五"时期以数字经济构建现代产业体系的路径选择 [J]. 经济体制改革, 2021 (4): 104-110.

[71] 胡艳, 王艺源, 唐睿. 数字经济对产业结构升级的影响 [J]. 统计与决策, 2021 (17): 15-19.

[72] 华正欣. 人口要素流动对区域商贸流通业发展的动态影响: 基于高端要素人才和普通人群双重视角的分析 [J]. 商业经济研究, 2021 (13): 22-25.

[73] 黄锐. 商贸流通产业发展是否具备技术溢出效应: 基于实证数据的分析 [J]. 荆楚理工学院学报, 2019, 34 (5): 57-62.

[74] 黄义兵, 刘玉林. 基于复杂网络视角的商贸流通业研究热点分析 [J]. 商业经济研究, 2019 (17): 47-49.

[75] 贾新忠. 消费升级背景下新零售产业生态体系建设研究 [J]. 管理现代化, 2021, 41 (3): 87-89.

［76］贾占华，谷国锋. 东北地区经济结构失衡水平评价及其对经济增长的影响研究：基于空间计量模型分析［J］. 地理科学，2019，39（4）：636-643.

［77］江红莉，蒋鹏程. 数字普惠金融的居民消费水平提升和结构优化效应研究［J］. 现代财经（天津财经大学学报），2020，40（10）：18-32.

［78］江积海，阮文强. 新零售企业商业模式场景化创新能创造价值倍增吗？［J］. 科学学研究，2020，38（2）：346-356.

［79］江积海，王若瑾. 新零售业态商业模式中的价值倍增动因及创造机理：永辉超级物种的案例研究［J］. 管理评论，2020，32（8）：325-336.

［80］江剑平，葛晨晓，朱雪纯. 国有经济与民营经济协同发展的理论依据与实践路径［J］. 西部论坛，2020，30（2）：34-44.

［81］姜婷. "宅经济"促进电商消费升级［J］. 人民论坛，2020（29）：84-85.

［82］金建东，徐旭初. 数字农业的实践逻辑、现实挑战与推进策略［J］. 农业现代化研究，2022（1）：1-11.

［83］金晶. 数字化加速转型期新消费需求创造及其动力机制研究［J］. 时代经贸，2021，18（2）：18-23.

［84］荆文君，孙宝文. 数字经济促进经济高质量发展：一个理论分析框架［J］. 经济学家，2019（2）：66-73.

［85］鞠建华，王嬬，陈甲斌. 新时代中国矿业高质量发展研究［J］. 中国矿业，2019，28（1）：1-7.

［86］克琴. 新发展格局下创新驱动与商贸流通业高质量发展：基于技术创新与管理创新的比较［J］. 商业经济研究，2021（14）：13-17.

［87］况漠，况达. 中国智慧物流产业发展创新路径分析［J］. 甘肃社会科学，2019（6）：151-158.

［88］兰虹，赵佳伟，义旭东. 新冠肺炎疫情背景下增加居民消费对经济的拉动力研究：基于城乡居民消费行为的视角［J］. 征信，2020，38（8）：1-10.

［89］雷飞，黄明秀，刘进. 新形势下我国商贸流通业实现高质量发展的影响因素及策略选择［J］. 商业经济研究，2019（21）：20-22.

［90］李柏洲，张美丽. 数字化转型对区域经济高质量发展的作用机理研究：区域创新能力的调节作用［J］. 系统工程，2022（1）：1-13.

［91］李宝库，赵博，刘莹，等. 农村居民网络消费支付意愿调查分析［J］. 管理世界，2018，34（6）：94-103.

[92] 李宝礼, 胡雪萍. 区域经济增长与最优城市首位度的实证研究 [J]. 统计与决策, 2018, 34 (7): 155-160.

[93] 李飞, 刘明葳. 中国商品流通现代化的评价指标体系研究 [J]. 清华大学学报 (哲学社会科学版), 2005 (3): 12-17.

[94] 李飞, 张语涵, 马燕, 等. 大数据转化为零售营销决策的路径: 基于北京朝阳大悦城的案例研究 [J]. 管理案例研究与评论, 2018 (5): 420-437.

[95] 李富有, 沙春枝, 刘希章. 民间投资与产业结构升级: 理论分析与实证检验 [J]. 金融论坛, 2020, 25 (1): 20-27.

[96] 李加奎, 郭昊. 中国商贸流通业创新发展与经济增长的耦合关系评价 [J]. 宏观经济研究, 2021 (5): 69-80.

[97] 李鲁. 民营经济推动长三角区域一体化: 发展历程与互动机制 [J]. 治理研究, 2019, 35 (5): 59-67.

[98] 李美羽, 王成敏. "互联网+" 背景下鲜活农产品流通渠道模式优化研究 [J]. 北京交通大学学报 (社会科学版), 2019, 18 (1): 102-114.

[99] 李鹏宇. 金融创新与商贸流通提质增效: 关联性及其影响机制 [J]. 商业经济研究, 2021 (8): 166-169.

[100] 李琪, 唐跃桓, 任小静. 电子商务发展、空间溢出与农民收入增长 [J]. 农业技术经济, 2019 (4): 119-131.

[101] 李琴英, 常慧, 唐华仓. 农业保险、农业全要素生产率与农业产出的协同效应 [J]. 河南农业大学学报, 2022 (1): 1-12.

[102] 李然, 王荣, 孙涛. "外贸新业态" 背景下跨境电商出口运营现状的深度研究 [J]. 价格月刊, 2019 (6): 38-45.

[103] 李腾, 孙国强, 崔格格. 数字产业化与产业数字化: 双向联动关系、产业网络特征与数字经济发展 [J]. 产业经济研究, 2021 (5): 54-68.

[104] 李伟, 余鲲鹏, 易伟. 基于服务化和智能制造融合的工业企业商业模式创新研究 [J]. 技术经济, 2020, 39 (6): 63-69, 79.

[105] 李文涛. 数据驱动: 后疫情时代的数字零售发展策略研究 [J]. 经营与管理, 2021 (6): 12-14.

[106] 李献波, 林雄斌, 孙东琪. 中国区域产业结构变动对经济增长的影响 [J]. 经济地理, 2016, 36 (5): 100-106.

[107] 李肖钢, 王琦峰. 基于公共海外仓的跨境电商物流产业链共生耦合模式与机制 [J]. 中国流通经济, 2018, 32 (9): 41-48.

[108] 李晓华. "新经济"与产业的颠覆性变革 [J]. 财经问题研究, 2018 (3)：3-13.

[109] 李扬, 李保法. 扩大内需背景下流通数字化对商贸流通业创新发展的影响：兼论技术创新的中介效应 [J]. 商业经济研究, 2021 (6)：10-14.

[110] 李英杰, 韩平. 数字经济下制造业高质量发展的机理和路径 [J]. 宏观经济管理, 2021 (5)：36-45.

[111] 李煜伟, 倪鹏飞. 外部性、运输网络与城市群经济增长 [J]. 中国社会科学, 2013, 34 (3)：174-194.

[112] 李长江. 关于数字经济内涵的初步探讨 [J]. 电子政务, 2017 (9)：84-92.

[113] 李治国, 车帅, 王杰. 数字经济发展与产业结构转型升级：基于中国275 个城市的异质性检验 [J]. 广东财经大学学报, 2021, 36 (5)：27-40.

[114] 李宗显, 杨千帆. 数字经济如何影响中国经济高质量发展? [J]. 现代经济探讨, 2021 (7)：10-19.

[115] 梁会君. 跨境电商发展、贸易距离与对外贸易增长：基于"一带一路"沿线国家的中介效应检验 [J]. 价格理论与实践, 2020 (12)：152-155.

[116] 梁莹莹. 基于"新零售之轮"理论的中国"新零售"产生与发展研究 [J]. 当代经济管理, 2017, 39 (9)：6-11.

[117] 廖开容, 陈爽英. 制度环境对民营企业研发投入影响的实证研究 [J]. 科学学研究, 2011, 29 (9)：1342-1348.

[118] 林园, 王英凯, 王恒. 我国商贸流通业自主品牌发展现状、问题与对策 [J]. 商业经济研究, 2020 (21)：37-40.

[119] 刘达. 基于传统供应链金融的"互联网+"研究 [J]. 经济与管理研究, 2016, 37 (11)：22-29.

[120] 刘国斌, 马嘉爽. 商贸流通与新型城镇化发展的信息化平台构建研究 [J]. 情报科学, 2018, 36 (5)：52-56.

[121] 刘洪涛, 肖功为. "新民营经济"取向下创新驱动与区域产业升级之谜：基于移动平均取样的面板数据模型 [J]. 统计与信息论坛, 2019, 34 (4)：90-97.

[122] 刘奇, 杨子刚. 电子商务发展空间溢出效应与农民增收 [J]. 价格月刊, 2020 (11)：54-61.

[123] 刘帅, 滕腾. 地区综合创新水平对经济增长质量的影响与机制研究：基于效率视角和动态面板 GMM 估计的分析 [J]. 宏观质量研究, 2021, 9 (5)：16-36.

[124] 刘汶荣. 要素市场扭曲对制造业高质量发展的影响 [J]. 经济问题, 2021 (9): 74-82.

[125] 刘向东, 汤培青. 实体零售商数字化转型过程的实践与经验: 基于天虹股份的案例分析 [J]. 北京工商大学学报 (社会科学版), 2018, 33 (4): 12-21.

[126] 刘向东, 张舒. 网络销售到家模式与实体零售: 挤出或溢出? [J]. 消费经济, 2019 (5): 43-52.

[127] 刘鑫鑫, 惠宁. 数字经济对中国制造业高质量发展的影响研究 [J]. 经济体制改革, 2021 (5): 92-98.

[128] 刘艳. 数字普惠金融对农业全要素生产率的影响 [J]. 统计与决策, 2021 (21): 123-126.

[129] 刘宇. 智慧会展发展的双向驱动机制与实现路径研究 [J]. 商展经济, 2021, 37 (15): 6-8.

[130] 刘玉飞, 汪伟. 城市化的消费结构升级效应: 基于中国省级面板数据的分析 [J]. 城市问题, 2019 (7): 17-29.

[131] 刘玉芽, 陈星强. 网络零售品牌对顾客忠诚度的影响研究: 以淘宝网为例 [J]. 价格理论与实践, 2014 (8): 104-106.

[132] 龙少波, 张梦雪, 田浩. 产业与消费 "双升级" 畅通经济双循环的影响机制研究 [J]. 改革, 2021 (2): 90-105.

[133] 卢福财, 刘建, 李冀恺. 论习近平关于经济发展的重大理论创新 [J]. 当代财经, 2021 (7): 3-12.

[134] 卢敏, 丁焕峰. 数字经济下我国跨境贸易中介作用机制与转型路径研究 [J]. 价格理论与实践, 2020 (12): 39-43.

[135] 陆文娟. 居民消费渠道变迁与传统零售业转型升级: 基于非线性门限效应分析 [J]. 商业经济研究, 2020 (22): 32-35.

[136] 陆向兰. 区域基础设施建设对商贸流通业发展的影响研究 [J]. 商业经济研究, 2017 (21): 36-38.

[137] 路畅, 王媛媛, 于渤, 等. 制度环境、技术创新与传统产业升级: 基于中国省际面板数据的门槛回归分析 [J]. 科技进步与对策, 2019, 36 (14): 62-68.

[138] 路茜滢. "一带一路" 背景下我国数字贸易的机遇和挑战 [J]. 科技经济导刊, 2021, 29 (13): 217-219.

[139] 罗斌元，陈艳霞. 数智化如何赋能经济高质量发展：兼论营商环境的调节作用 [J]. 科技进步与对策，2022（5）：61-71.

[140] 罗志军. 数字技术在电力电气自动化中的应用 [J]. 电气时代，2021（10）：78-79.

[141] 吕腾捷. 零售业结构变动对我国商贸流通业结构优化的促进作用 [J]. 商业经济研究，2019（10）：30-32.

[142] 马忠新. 营商制度环境与民营经济发展：基于营商文化"基因"的历史考察与实证 [J]. 南方经济，2021（2）：106-122.

[143] 茅海军，魏君聪，陈媚媚，等. 商贸流通标准化发展现状及对策研究 [J]. 标准科学，2020（11）：20-25.

[144] 孟韬，赵非非，张冰超. 企业数字化转型、动态能力与商业模式调适 [J]. 经济与管理，2021，35（4）：24-31.

[145] 孟月. 中国移动推进数字化创新，加速数智化转型 [J]. 通信世界，2021（10）：10.

[146] 尼葛洛庞帝. 数字化生存 [M]. 胡泳，范海燕，译. 海口：海南出版社，1997.

[147] 潘士远，罗德明. 民间金融与经济发展 [J]. 金融研究，2006（4）：134-141.

[148] 潘文卿. 中国的区域关联与经济增长的空间溢出效应 [J]. 经济研究，2012，47（1）：54-65.

[149] 潘悦. 基于"新零售"的生鲜供应链优化 [J]. 时代金融，2021（18）：71-73.

[150] 庞瑞芝，张帅，王群勇. 数字化能提升环境治理绩效吗：来自省际面板数据的经验证据 [J]. 西安交通大学学报（社会科学版），2021（5）：1-10.

[151] 彭红枫，梁子敏. "双循环"新发展格局的金融支持研究 [J]. 经济与管理评论，2021（5）：5-20.

[152] 平静. "商贸"和"人才培养"关键词热点研究趋势：基于 CiteSpace 的可视化图谱分析 [J]. 中国经贸导刊，2019（6）：144-145.

[153] 戚聿东，褚席. 数字经济发展、经济结构转型与跨越中等收入陷阱 [J]. 财经研究，2021，47（7）：18-32，168.

[154] 邱泽奇，张樹沁，刘世定，等. 从数字鸿沟到红利差异：互联网资本的视角 [J]. 中国社会科学，2016（10）：93-115，203-204.

[155] 邱志萍, 廖秋敏. 中国商贸流通业与国际贸易协调发展的耦合机理及时空分异 [J]. 企业经济, 2019, 38 (4): 123-131.

[156] 上官绪明. 物流业集聚与制造业高质量发展: 基于效率提升和技术进步的门槛效应研究 [J]. 中国流通经济, 2021, 35 (9): 11-21.

[157] 盛磊. 数字经济引领产业高质量发展: 动力机制、内在逻辑与实施路径 [J]. 价格理论与实践, 2020 (2): 13-17, 34.

[158] 施新平. 商贸流通产业增长方式转变及影响因素分析 [J]. 商业经济研究, 2020 (9): 10-13.

[159] 舒伯阳, 蒋月华, 刘娟. 新时代乡村旅游高质量发展的理论思考及实践路径 [J]. 华中师范大学学报 (自然科学版), 2022 (1): 73-82.

[160] 司增绰. 区域商贸流通发展与公路交通水平计量分析 [J]. 商业研究, 2011 (8): 62-67.

[161] 宋锋森, 陈洁. 线上线下渠道转换意愿的影响机制研究: 基于消费者目标精确性与数据隐私敏感性 [J]. 技术经济与管理研究, 2020 (4): 32-36.

[162] 宋慧, 张迺英. 我国商贸流通业高质量发展评价: 基于四大城市经济圈的比较分析 [J]. 商业经济研究, 2020 (19): 9-13.

[163] 宋乐, 倪向丽. 电商消费扶贫助力农产品走出困境 [J]. 人民论坛, 2020 (29): 88-89.

[164] 孙锦礼. 基于电子商务的传统零售业战略转型发展研究 [J]. 商业经济研究, 2016 (16): 24-26.

[165] 孙克. 数字经济时代大幕开启 [J]. 世界电信, 2017 (3): 2-9.

[166] 孙婷, 卞学字, 张明志. 要素匹配质量视角下要素价格扭曲对高质量发展的影响研究 [J]. 经济问题探索, 2021 (9): 44-54.

[167] 谭平. 强化商贸的先导作用是湖南加速发展的战略选择 [J]. 求索, 2004 (2): 33-34.

[168] 谭翔, 隋博文, 欧晓明, 等. 农业龙头企业践行高质量发展应关注的重要问题: 基于单案例的扎根研究 [J]. 管理案例研究与评论, 2021, 14 (2): 134-148.

[169] 唐勇, 吕太升. 农业信贷、农业保险与农业全要素生产率增长: 基于交互效应视角 [J]. 哈尔滨商业大学学报 (社会科学版), 2021 (3): 116-128.

[170] 田俊峰, 蒋珊珊, 张广亮. 网络零售物流服务的定价与质量控制研究进展 [J]. 物流技术, 2014 (7): 20-24.

[171] 汪敢甫，艾兴政，钟丽. 基于溢出效应与平台服务的竞争网络平台的销售模式研究 [J]. 运筹与管理，2020 (3)：149-157.

[172] 汪立鑫，左川. 国有经济与民营经济的共生发展关系：理论分析与经验证据 [J]. 复旦学报（社会科学版），2019, 61 (4)：159-168.

[173] 汪涛武，王燕. 基于大数据的制造业与零售业融合发展：机理与路径 [J]. 中国流通经济，2018, 32 (1)：20-26.

[174] 王爱玲. 新时代智慧会展业发展困境及突破路径研究 [J]. 商展经济，2021 (6)：1-3.

[175] 王宝义，邱兆林. 新零售迭代创新的理论分析与原型观照 [J]. 当代经济管理，2020 (8)：10-17.

[176] 王德章，张平. 对我国商贸流通业发展方式转变的探讨 [J]. 中国流通经济，2014 (5)：21-26.

[177] 王锋正，刘向龙，张蕾，等. 数字化促进了资源型企业绿色技术创新吗？ [J]. 科学学研究，2022 (2)：332-344.

[178] 王刚，龚六堂. 浅析高速铁路对"一带一路"沿线区域产业发展的影响 [J]. 产业经济评论，2018 (2)：47-53.

[179] 王国顺，王瑾. 网络零售的经济学分析 [J]. 北京工商大学学报（社会科学版），2021, 36 (1)：105-113.

[180] 王海青，王萍. 区块链技术在流通行业中的应用场景、挑战与实现路径：兼论流通数字化的发展新趋势 [J]. 商业经济研究，2021 (12)：5-8.

[181] 王浩澂，熊曦. 民族地区商贸流通业与居民消费能力协同发展的影响因素实证研究 [J]. 云南民族大学学报（哲学社会科学版），2015, 32 (6)：92-97.

[182] 王恒玉，吴伟平. 西部地区信息产业对区域经济增长贡献实证研究 [J]. 合作经济与科技，2016 (2)：12-14.

[183] 王家庭. 城市首位度与区域经济增长：基于 24 个省区面板数据的实证研究 [J]. 经济问题探索，2012 (5)：35-40.

[184] 王建冬，童楠楠. 数字经济背景下数据与其他生产要素的协同联动机制研究 [J]. 电子政务，2020 (3)：22-31.

[185] 王静，韩启昊. 数字经济对商贸流通业利润影响实证研究 [J]. 商业经济研究，2021 (17)：29-31.

[186] 王俊豪，周晟佳. 中国数字产业发展的现状、特征及其溢出效应 [J]. 数量经济技术经济研究，2021, 38 (3)：103-119.

[187] 王开科, 吴国兵, 章贵军. 数字经济发展改善了生产效率吗 [J]. 经济学家, 2020 (10): 24-34.

[188] 王可山, 郝裕, 秦如月. 农业高质量发展、交易制度变迁与网购农产品消费促进: 兼论新冠肺炎疫情对生鲜电商发展的影响 [J]. 经济与管理研究, 2020, 41 (4): 21-31.

[189] 王能民, 高丹丹, 高杰. 双渠道供应链中的牛鞭效应分析 [J]. 管理科学学报, 2021, 24 (7): 66-75.

[190] 王帅. 数字化背景下传统零售向新零售模式转型路径机制研究 [J]. 商业经济研究, 2021 (8): 27-30.

[191] 王婷, 王义文. 强省会战略与区域内城乡收入差距: 来自中国省级面板的证据 [J]. 福州大学学报 (哲学社会科学版), 2019, 33 (5): 14-20.

[192] 王婷, 姚旻, 张琦, 等. 高质量发展视角下乡村旅游发展问题与对策 [J]. 中国农业资源与区划, 2021, 42 (8): 140-146.

[193] 王文甫, 明娟, 岳超云. 企业规模、地方政府干预与产能过剩 [J]. 管理世界, 2014 (10): 17-36, 46.

[194] 王文涛, 曹丹丹. 互联网资本与民营经济高质量发展: 基于企业创新驱动路径视角 [J]. 统计研究, 2020, 37 (3): 72-84.

[195] 王希元. 创新驱动产业结构升级的制度基础: 基于门槛模型的实证研究 [J]. 科技进步与对策, 2020, 37 (6): 102-110.

[196] 王小鲁, 樊纲, 胡李鹏. 中国分省份市场化指数报告 (2018) [M]. 北京: 社会科学文献出版社, 2019.

[197] 王小鲁. 中国城市化路径与城市规模的经济学分析 [J]. 经济研究, 2010 (10): 20-32.

[198] 王兴国, 王新志. 农业龙头企业扶贫的理论阐释与案例剖析 [J]. 东岳论丛, 2017, 38 (1): 82-88.

[199] 王彦昌, 陈荣. 促进宁波商贸流通业快速发展的研究 [J]. 价格月刊, 2013 (3): 62-66.

[200] 王艳. 新冠肺炎疫情对民营经济高质量发展的影响及对策研究 [J]. 管理评论, 2020 (10): 11-21.

[201] 王宇, 李海洋. 管理学研究中的内生性问题及修正方法 [J]. 管理学季刊, 2017 (3): 20-47, 170-171.

[202] 王宇, 罗悦. 外需引导与政府补贴下战略性新兴产业的产能过剩研究: 以光伏产业为例 [J]. 现代经济探讨, 2018 (3): 78-87.

[203] 王玉. 中国数字经济对产业结构升级影响研究: 基于空间计量模型 [J]. 技术经济与管理研究, 2021 (8): 14-18.

[204] 王郁, 郭丽芳, 马家齐, 等. "互联网+" 视域下智慧物流实时风险管理机制研究 [J]. 管理现代化, 2018 (1): 98-101.

[205] 魏江, 赵齐禹, 刘洋. 新型政商关系和企业业绩稳健性: 来自上市公司的证据 [J]. 管理工程学报, 2021 (4): 1-13.

[206] 魏婕, 何爱平. 城乡分工、交易效率与城乡商贸流通一体化 [J]. 商业经济与管理, 2011 (10): 12-19.

[207] 魏锦雯. 商贸流通产业内部数据驱动创新: 基于数据飞轮结构的实证分析 [J]. 商业经济研究, 2020 (11): 24-26.

[208] 温忠麟. 张雷, 侯杰泰, 等. 中介效应检验程序及其应用 [J]. 心理学报, 2004 (5): 614-620.

[209] 巫景飞, 林暐. 本土制造业从商贸流通业的 FDI 中获益了吗: 来自中国 2002—2006 年省际面板数据的证据 [J]. 财贸经济, 2009 (12): 117-121.

[210] 吴昊, 吕晓婷. 经济治理现代化与产业政策转型 [J]. 吉林大学社会科学学报, 2021 (5): 19-29, 235.

[211] 吴少华. 现代人力资源管理与企业竞争力的互动关系 [J]. 中南财经政法大学学报, 2006 (6): 106-110.

[212] 吴义爽. 基于商贸平台型龙头企业战略创业的产业集群升级: 以海宁皮革集群为例 [J]. 科研管理, 2016 (7): 54-61.

[213] 吴雨星, 吴宏洛. 马克思经济发展质量思想及其中国实践: 暨经济高质量发展的理论渊源 [J]. 当代经济管理: 2021 (11): 13-18.

[214] 吴兆喆. 网络零售市场发展对我国商贸流通业影响实证研究 [J]. 商业经济研究, 2019 (4): 77-80.

[215] 夏显力, 陈哲, 张慧利, 等. 农业高质量发展: 数字赋能与实现路径 [J]. 中国农村经济, 2019 (12): 2-15.

[216] 肖春勇. 借道标准桥梁 开辟国际商贸新通道 [J]. 标准科学, 2009 (7): 85-88.

[217] 肖旭, 戚聿东. 产业数字化转型的价值维度与理论逻辑 [J]. 改革, 2019 (8): 61-70.

[218] 谢家贵. 居民消费升级对商贸流通业发展效率提升的驱动机制 [J]. 商业经济研究, 2020 (23): 21-24.

[219] 谢莉娟, 万长松, 武子歆. 流通业发展对城乡收入差距的影响: 基于公有制经济调节效应的分析 [J]. 中国农村经济, 2021 (6): 111-127.

[220] 谢莉娟, 庄逸群. 互联网和数字化情境中的零售新机制: 马克思流通理论启示与案例分析 [J]. 财贸经济, 2019 (3): 84-100.

[221] 谢乔昕, 宋良荣. 商贸流通业发展影响城乡居民消费二元性的实证分析 [J]. 消费经济, 2016 (2): 12-16.

[222] 辛伟, 任保平. 中国高品质消费引领高质量供给的机制和路径研究 [J]. 消费经济, 2021 (6): 13-20.

[223] 邢晓溪, 郭克莎. 数字消费对商贸流通的偏离效应研究 [J]. 商业经济研究, 2020 (14): 14-17.

[224] 熊曦, 柳思维, 张闻, 等. 商贸流通业与新型城镇化协同发展水平测度研究 [J]. 广西社会科学, 2015 (8): 71-75.

[225] 熊学振, 杨春, 马晓萍. 我国畜牧业发展现状与高质量发展策略选择 [J]. 中国农业科技导报, 2022, 24 (3): 1-10.

[226] 徐从才. 坚持流通创新, 构建生产者服务体系 [J]. 产业经济研究, 2011 (5): 1-6.

[227] 徐磊, 黄凌云. FDI 技术溢出及其区域创新能力门槛效应研究 [J]. 科研管理, 2009, 30 (2): 16-25.

[228] 许宪春. 数字化转型触发生活方式变革 [N]. 华夏时报, 2020-11-03 (A02).

[229] 许亚宁, 罗云彬, 崔祥琦. 基于大数据驱动的新时代电子商务发展思考 [J]. 中小企业管理与科技, 2020 (11): 128-129.

[230] 闫星宇. "新零售" 的逻辑蕴涵及发展趋势 [J]. 社会科学战线, 2018 (7): 257-261.

[231] 阎世平, 武可栋, 韦庄禹. 数字经济发展与中国劳动力结构演化 [J]. 经济纵横, 2020 (10): 96-105.

[232] 颜燕, 贺灿飞, 王俊松. 产业关联、制度环境与区域产业演化 [J]. 北京工商大学学报 (社会科学版), 2017, 32 (1): 118-126.

[233] 杨海芳, 王明征. 基于最小化信息损失的用户隐私保护方法 [J]. 系统工程理论与实践, 2021, 41 (2): 483-497.

[234] 杨海丽, 刘瑜. 我国流通创新综合水平评价分析 [J]. 财经问题研究, 2014 (7): 118-123.

[235] 杨建利, 郑文凌, 邢娇阳, 等. 数字技术赋能农业高质量发展 [J]. 上海经济研究, 2021 (7): 81-90, 104.

[236] 杨娜. 基于扶贫视角的生态农业旅游发展路径研究 [J]. 核农学报, 2020, 34 (10): 2388-2389.

[237] 杨嵘均, 操远芃. 论乡村数字赋能与数字鸿沟间的张力及其消解 [J]. 南京农业大学学报 (社会科学版), 2021, 21 (5): 31-40.

[238] 杨守德, 张天义. 市场下沉趋势下加快农村电商与商贸基础设施协调发展研究 [J]. 价格理论与实践, 2021 (3): 35-38.

[239] 杨守德. 技术创新驱动中国物流业跨越式高质量发展研究 [J]. 中国流通经济, 2019, 33 (3): 62-70.

[240] 杨伟明, 粟麟, 孙瑞立, 等. 数字金融是否促进了消费升级: 基于面板数据的证据 [J]. 国际金融研究, 2021 (4): 13-22.

[241] 杨伟明, 粟麟, 王明伟. 数字普惠金融与城乡居民收入: 基于经济增长与创业行为的中介效应分析 [J]. 上海财经大学学报, 2020, 22 (4): 83-94.

[242] 杨秀云, 李敏, 李扬子. 数字文化产业生态系统优化研究 [J]. 西安交通大学学报 (社会科学版), 2021, 41 (5): 127-135.

[243] 姚德文. 基于制度分析的产业结构升级机理与对策 [J]. 社会科学, 2011 (3): 44-52.

[244] 叶海景. 龙头企业知识溢出、治理效应与产业集群创新绩效 [J]. 治理研究, 2021, 37 (2): 110-117.

[245] 叶怡雄. 自媒体时代我国电子商务对消费升级的影响 [J]. 人民论坛·学术前沿, 2019 (23): 126-129.

[246] 叶悦青, 王东. 数字经济赋能区域商贸流通业发展效率提升的作用机制: 基于浙江省的经验 [J]. 商业经济研究, 2021 (14): 18-22.

[247] 叶悦青. 基于消费升级的商贸流通业高质量发展探讨 [J]. 商业经济研究, 2020 (22): 29-31.

[248] 易开刚, 乜标. 网络时代我国城市商贸业发展的战略选择 [J]. 商业经济与管理, 2004 (9): 14-16.

[249] 易开刚. 我国农村现代化商贸流通体系的构建 [J]. 商业经济与管理, 2006 (12): 18-21.

[250] 殷浩栋, 霍鹏, 汪三贵. 农业农村数字化转型: 现实表征、影响机理与推进策略 [J]. 改革, 2020 (12): 48-56.

[251] 尹向东, 刘敏, 袁男优, 等. 新形势下增强我国消费对经济的拉动力研究: 基于 2018 年湖南消费市场的问卷调查分析 [J]. 消费经济, 2019, 35 (5): 89-96.

[252] 于丞. "互联网+"背景下商贸流通业协同创新机制研究 [J]. 价格月刊, 2018 (8): 41-44.

[253] 于法稳, 黄鑫, 岳会. 乡村旅游高质量发展: 内涵特征、关键问题及对策建议 [J]. 中国农村经济, 2020 (8): 27-39.

[254] 余东华, 李云汉. 数字经济时代的产业组织创新: 以数字技术驱动的产业链群生态体系为例 [J]. 改革, 2021 (7): 24-43.

[255] 余静文, 王春超. 城市圈驱动区域经济增长的内在机制分析: 以京津冀、长三角和珠三角城市圈为例 [J]. 经济评论, 2011 (1): 69-78, 126.

[256] 俞超, 任阳军. 我国商贸流通业效率的空间溢出效应研究 [J]. 商业经济研究, 2017 (14): 9-11.

[257] 俞彤晖, 陈斐. 数字经济时代的流通智慧化转型: 特征、动力与实现路径 [J]. 中国流通经济, 2020, 34 (11): 33-43.

[258] 岳辉. 我国商贸流通业发展与制造业转型升级的关系研究 [J]. 价格月刊, 2017 (4): 71-73.

[259] 詹浩勇. 商贸流通业集聚对制造业转型升级的作用机理: 基于集群供应链网络竞合的视角 [J]. 中国流通经济, 2014, 28 (9): 59-65.

[260] 张峰, 刘璐璐. 数字经济时代对数字化消费的辩证思考 [J]. 经济纵横, 2020 (2): 45-54

[261] 张峰. 长三角农业高质量一体化发展评价研究 [J]. 中国农业资源与区划, 2021, 42 (1): 197-202.

[262] 张莞. 乡村振兴战略下民族地区农旅融合提升发展研究 [J]. 农业经济, 2019 (4): 44-46.

[263] 张航, 丁任重. 实施"强省会"战略的现实基础及其可能取向 [J]. 改革, 2020 (8): 147-158.

[264] 张昊. 现代流通企业促成产销供应链协同: 畅通国民经济大循环的微观基础 [J]. 商业经济与管理, 2021 (6): 17-27.

[265] 张弘, 陈胜棋. 数字化下零售业与制造业融合发展的内涵与路径 [J]. 商业经济研究, 2020 (8): 171-173.

[266] 张建军, 赵启兰. 新零售驱动下流通供应链商业模式转型升级研究 [J]. 商业经济与管理, 2018 (11): 5-15.

[267] 张杰, 郑文平, 翟福昕. 竞争如何影响创新: 中国情景的新检验 [J]. 中国工业经济, 2014 (11): 56-68.

[268] 张俊英, 罗琼, 唐红涛. 互联网商业与消费基础性作用: 实现机制与形态演进 [J]. 消费经济, 2019, 35 (4): 55-61.

[269] 张琼. 移动互联网+视域下零售业态演变路径及对策 [J]. 中国流通经济, 2016 (2)：14-19.

[270] 张省, 杨倩. 数字技术能力、商业模式创新与企业绩效 [J]. 科技管理研究, 2021, 41 (10)：144-151.

[271] 张文军. 商贸流通业经济效应区域差异研究 [J]. 商业经济研究, 2021 (13)：5-8.

[272] 张晓波. 跨境电商与跨境物流协同度评价及改善策略 [J]. 商业经济研究, 2020 (3)：111-113.

[273] 张晓倩, 宋冬梅. 我国新型城镇化与商贸流通业融合发展的影响因素探析 [J]. 改革与战略, 2017, 33 (7)：148-151.

[274] 张瑶, 郭晓平. 城市首位度的经济发展效应：基于经济增长效应和空间溢出效应的分解分析视角 [J]. 商业经济研究, 2019 (23)：154-157.

[275] 张逸墨. 国外流通经验对我国商贸流通业发展方式转变的启示 [J]. 物流技术, 2016, 35 (5)：41-44.

[276] 张莹. 电子商务背景下农产品的定制消费新零售方法思路 [J]. 农业经济, 2021 (2)：130-132.

[277] 张颖超. 商贸流通业与智慧旅游融合发展机理与路径创新 [J]. 商业经济研究, 2021 (15)：177-179.

[278] 张予, 郭馨梅, 王震. 数字化背景下我国零售业高质量发展路径研究 [J]. 商业经济研究, 2020 (4)：21-23.

[279] 张语恒. 营商环境优化与区域商贸流通业高质量发展：理论与实证 [J]. 商业经济研究, 2020 (24)：9-13.

[280] 张蕴萍, 董超, 栾菁. 数字经济推动经济高质量发展的作用机制研究：基于省级面板数据的证据 [J]. 济南大学学报（社会科学版）, 2021 (5)：99-115, 175.

[281] 张则强, 程文明, 李涛, 等. 数字物流的概念与关键技术研究 [J]. 起重运输机械. 2003, (01)

[282] 张振, 李志刚, 胡璇. 城市群产业集聚、空间溢出与区域经济韧性 [J]. 华东经济管理, 2021, 35 (8)：59-68.

[283] 赵凡. 基于商业模式创新的商贸流通业发展探讨 [J]. 商业经济研究, 2017 (21)：23-26.

[284] 赵皎云, 林振强. 零售业变革下的数字化供应链建设 [J]. 物流技术与应用, 2021, 26 (2)：80-84.

[285] 赵静, 郝颖. 政府干预、产权特征与企业投资效率 [J]. 科研管理, 2014, 35 (5): 84-92.

[286] 赵奎, 后青松, 李巍. 省会城市经济发展的溢出效应: 基于工业企业数据的分析 [J]. 经济研究, 2021 (3): 150-166.

[287] 赵树梅, 门瑞雪. "新零售" 背景下的 "新物流" [J]. 中国流通经济, 2019, 33 (3): 40-49.

[288] 赵松岭, 陈镜宇. 发展智慧物流的路径探索 [J]. 人民论坛, 2020 (8): 108-109.

[289] 赵涛, 张智, 梁上坤. 数字经济、创业活跃度与高质量发展: 来自中国城市的经验证据 [J]. 管理世界, 2020 (10): 65-76.

[290] 赵卫宏. 网络零售中的顾客价值及其对店铺忠诚的影响 [J]. 经济管理, 2010 (5): 74-87.

[291] 赵晓飞, 付中麒. 大数据背景下我国农产品流通渠道变革实现路径与保障机制 [J]. 中国流通经济, 2020 (12): 3-10.

[292] 赵晓阳, 衣长军. 国资介入能否抑制实体企业的脱实向虚: 兼论亲清政商关系的调节作用 [J]. 经济管理, 2021, 43 (7): 61-74.

[293] 赵玉冰. 数字普惠金融支持商贸流通业高质量发展: 基于省际面板数据的实证考察 [J]. 商业经济研究, 2020 (22): 21-24.

[294] 赵振. "互联网+" 跨界经营: 创造性破坏视角 [J]. 中国工业经济, 2015 (10): 146-160.

[295] 郑轶. 供给侧改革背景下商贸流通业先导作用机制剖析 [J]. 商业经济研究, 2017 (24): 5-7.

[296] 钟华星. 我国金融高质量发展的现状及对策: 基于国际比较的研究 [J]. 西南金融, 2021 (2): 74-84.

[297] 周丹, 王德章. "互联网+农产品流通" 融合发展研究 [J]. 学术交流, 2015 (11): 166-171.

[298] 周黎安. 中国地方官员的晋升锦标赛模式研究 [J]. 经济研究, 2007 (7): 36-50.

[299] 周凌云, 顾为东, 张萍. 新时期加快推进我国流通业现代化的战略思考 [J]. 宏观经济研究, 2013 (9): 32-38, 76.

[300] 周蓉蓉. 我国新零售商业模式的动力机制与升级研究 [J]. 管理现代化, 2020, 40 (2): 52-55.

[301] 周锐. 网络经济下零售企业全渠道管理路径研究 [J]. 商业经济研究，2017 (21)：57-59.

[302] 周晓睿. 网络营销对商贸流通业发展的影响效度：基于消费行为理论 [J]. 商业经济研究，2018 (20)：44-46.

[303] 周志鹏，徐长生. 龙头带动还是均衡发展：城市首位度与经济增长的空间计量分析 [J]. 经济经纬，2014, 31 (5)：20-25.

[304] 周志鹏. 中国城市首位度与区域经济增长关系的空间计量分析 [D]. 武汉：华中科技大学，2015.

[305] 朱道才，任以胜，徐慧敏，等. 长江经济带空间溢出效应时空分异 [J]. 经济地理，2016, 36 (6)：26-33.

[306] 朱虹，徐琰超，尹恒. 空吸抑或反哺：北京和上海的经济辐射模式比较 [J]. 世界经济，2012, 35 (3)：111-124.

[307] 朱金鹤，孙红雪. 数字经济是否提升了城市经济韧性？[J]. 现代经济探讨，2021 (10)：1-13.

[308] 朱理，李元，曾璋勇. 我国跨境电子商务发展及运作模式选择 [J]. 商业经济研究，2018 (24)：94-96.

[309] 朱月双. 智慧旅游与商贸流通业融合发展探讨 [J]. 商业经济研究，2020 (3)：169-171.

[310] 祝合良，王春娟. 数字经济引领产业高质量发展：理论、机理与路径 [J]. 财经理论与实践，2020, 41 (5)：2-10.

[311] 祝合良，叶萌. 标准化对我国商贸流通业国际竞争力影响实证研究 [J]. 中国流通经济，2017, 31 (5)：3-11.

[312] 邹水生. 数字经济内涵、现状及驱动新经济的路径分析 [J]. 科技经济导刊，2021, 29 (17)：209-210.

[313] 左玉洁. 新型城镇化对流通业高质量发展的影响及作用路径：基于消费和产业升级双重视角的实证检验 [J]. 商业经济研究，2021 (7)：13-17.

[314] ALLAN AFUAH. Redefining firm boundaries in the face of the internet：Are firms really shrinking? [J]. The Academy of Management Review, 2003, 28 (1)：34-53.

[315] BALDWIN R E, FORSLID R. The core-periphery modeland endogenous growth：Stabilizing and destabilizing integration [J]. Economica, 2000, 67 (267)：307-324.

[316] BARON R M, KENNY D A. The moderator-mediator variable distinction in social psychological research: Conceptual, strategic, and statistical considerations [J]. Journal of Personality and Social Psychology, 1986, 51 (6): 1173-1182.

[317] BRUCE E HANSEN. Threshold effects in non-dynamic panels: Estimation, testing, and inference [J]. Journal of Econometrics, 1999, 93 (2): 345-368.

[318] CHU HUA KUEI. Designing and managing the supply chain concepts, strategies, and case studies [J]. International Journal of Quality & Reliability Management, 2000, 17 (7): 812.

[319] DURANTON G, PUGA D. Micro-foundations of urban agglomeration economies [J]. Handbook of Regional and Urban Economics, 2004, 4: 2063-2117.

[320] EONSOO KIM, DAE-IL NAM, J L STIMPERT. The applicability of porter's generic strategies in the digital age: Assumptions, conjectures, and suggestions [J]. Journal of Management, 2004, 30 (5): 569-589.

[321] HABIBI FATEH, ZABARDAST MOHAMAD AMJAD. Digitalization, education and economic growth: A comparative analysis of Middle East and OECD countries [J]. Technology in Society, 2020, 63: 291-300.

[322] HELPMAN E. The size of regions, topics in public economics: Theoretical and applied analysis [M]. Cambridge: Cambridge University Press, 1998.

[323] JAMES LESAGE, SUDIPTO BANERJEE, MANFRED M FISCHER, et al. Spatial statistics: Methods, models & computation [J]. Computational Statistics and Data Analysis, 2009, 53 (8): 2781-2785.

[324] LEI-DA CHEN. A model of consumer acceptance of mobilepayment [J]. International Journal of Mobile Communications, 2008, 6 (1): 32-52.

[325] MARTIN P, OTTAVIANO G I P. Growing locations: Industry location in a model of endogenous growth [J]. European Economic Review, 1999, 43 (2): 281-302.

[326] MCGUIRE, TIM, JAMES MANYIKA, et al. Why big data is the new competitive advantage [J]. Ivey Business Journal, 2012 (7/8): 1-13.

[327] OESTREICHER-SINGER G, SUNDARARAJAN A. Recommendation networks and the long tail of electronic commerce [J]. MIS Quarterly, 2012, 36 (1): 65-84.

[328] R KLING, R LAMB. IT and organizational change in digital economies: A socio – technical approach [J]. Acm Sigcas Computers & Society, 1999, 29 (13): 17-25.

[329] RICARDO SELLERS-RUBIO, FRANCISCO MAS-RUIZ. An empirical analysis of productivity growth in retail services: Evidence from Spain [J]. International Journal of Service Industry Management, 2007, 18 (1): 52-69.

[330] SERDAR YILMAZ, KINGLEY E. HAYNES, MUSTAFA DINC. Geographic and network neighbors: Spillover effects of telecommunications infrastructure [J]. Journal of Regional Science, 2002, 42 (2): 339-360.

后记一

深冬季节到了，书稿定稿，我想起了我和学生的故事。

2018 年的冬天，重庆工商大学贸易经济专业本科大三的同学邀请我担任他们读书小组的指导老师，每周辅导他们开展一次读书讨论活动。我欣然接受了，从此陪伴他们一起读书、一起讨论，小组里有五名大三的学生和三名大二的学生，每周周五上午我选一些关于零售、连锁、物流等方面的热门话题，让学生们展开讨论。我首先给他们讲一个案例，之后提出我对案例的一些看法和疑问，算是抛砖引玉。学生接着我的问题展开讨论，讨论结束后，一个月形成两篇小论文，字数 3 000 字左右。与其说是论文，不如说是讨论的延展。

在讨论会上，我对 2016 级的向能和 2017 级的罗越月有了比较深刻的印象——好学、善于思考、行动力强。那时候向能是班长，在上课的时候，我和他接触比较多。因此，我在做课题、写论文的时候，把一些简单的数据整理、文献梳理工作交给他来做，每次他都能按照要求做出让我比较满意的成果，即便不满意，稍加指导，通过修改和完善也能达到基本要求。这应该是我想从本科生中培养研究生的开始。罗越月参加读书会后，自己主动写一些小论文，参加经济学院的经贸论坛活动、贸易经济系的暑期调研和全国贸易经济专业的大学生论坛，我作为指导老师，在指导她选题、框架搭建、选取研究方法和修改的过程中，觉得这丫头挺有悟性的。

认识邱韵桦的时间稍微晚一点，是从曹廷炳那里听说的。那时候小曹在跟我做横向课题，虽然他是本科生，但是能写出像模像样的文章来。一次讨论中，我提出调研的人手不足时，小曹向我推荐小邱："小邱是情商和智商都很高的女孩，杨老师做课题需要助手，可以选择小邱。"2019 年开始，每次学术交流会，我都把小邱、小罗、小曹和小向叫上，跟研究生一起讨论和调研，每个人都能充分发挥自己的作用。

2019 年申报国家社科基金项目，我申报的选题是"数字技术驱动商贸流通业高质量发展的理论机制与路径研究"。申报前期、申报过程中和申报之后，课题组对这个问题进行了深入的研究。前期的市场调研、文献调研和理论基础研究花了很长时间，我对这个选题有了深厚的感情，因此无论项目能否立项，我都准备在这个选题上做一些研究。事实上，在 2018 年，甚至更早的时候，我们的科研小组就对这个问题做过一些探讨，可以说，研究有一定的基础。自然而然，大三的小邱、小罗、小曹和大四的小向也就跟着一起研究这个选题。也是因为这个研究，小向、小邱、小罗坚定地选择考本校的产业经济学研究生。他们平时和研究生一起展开讨论、一起探讨研究方法、一起写作，读本科的他们就学会了效率评价、空间效应、门槛效应，阅读了零售、连锁、消费、物流方面的专著和经典文献，阅读了波特的《竞争战略》《竞争优势》等名著。这使他们读研的愿望更加强烈，读研的目标更加明确，这也是贸易经济专业建设中值得骄傲的事情。

本书是基于上述选题的研究而形成的，前后历时五年，是贸易经济本科生、产业经济学研究生共同努力完成的，学生深度参与了市场调研、文献收集、数据查阅整理和处理的全部过程，对著作的完成做出了重要的贡献。在我和王辉博士的指导下，著作中数据的搜集、模型的运行，甚至部分章节的初稿撰写他们也能够独立完成一部分。因此，我认为这本专著的完成是贸易经济专业国家一流专业建设的标志性成果，这个选题的研究、写作见证了向能（2016级贸易经济专业本科生，2020级产业经济学研究生）、邱韵桦（2017级本科，2021级产业经济学研究生）和罗越月（2017级贸易经济专业本科生，2021级产业经济学研究生）从本科生到研究生的成长，是本科人才培养的一个最好的成果。

本书围绕数字技术驱动商贸流通业高质量发展展开，通过文献梳理、文献计量，运用空间计量、中介效应、调节效应和门槛效应来全面分析数字技术对商贸流通业高质量发展的影响。本书通过对空间溢出效应的研究发现，数字技术对商贸流通业高质量发展有显著的空间效应，主要呈现"高高集聚"和"低低集聚"的状态。数字技术水平对商贸流通业高质量发展具有显著的空间溢出效应，且溢出效应与经济发展水平是有明显的正向关系，经济发达的长三角地区、珠三角地区和京津冀地区空间溢出效应显著。对中介效应的研究，本书主要选取了消费渠道创新作为中介变量，研究数字技术对商贸流通业高质量发展的影响。消费渠道创新对数字技术驱动商贸流通业高质量发展有明显的作用，并且在区域上呈现出差异，但是均影响显著，西部地区与东中部地区的差距明显。本书通过理论研究和实证检验发现，地区数字化水平对商贸流通业高质量发展有显著的促进作用，民营经济提升了数字化对商贸流通业高质量发展的促进作用，民营经济通过数字基础设施、数字技术应用水平、数字经济发展水平对商贸流通业高质量发展产生效应，但是数字素养对商贸流通业高质量发展的调节效应不明显。本书通过门槛效应模型研究环境制度对高质量发展的作用，不同制度环境对数字化驱动商贸流通业高质量发展存在差异性。当制度环境较差时，数字化对商贸流通业高质量发展的促进作用显著但是作用力小；当制度环境改善，达到优化后，数字技术对商贸流通业高质量发展的正向促进作用迅速提升。

　　本书在写作过程中得到了很多人的帮助，贸易经济专业王辉博士作为技术指导，全程参与讨论并在技术上把关，除了向能、邱韵桦和罗越月参与文献梳理、数据调研以及部分内容的初稿撰写外，还有几名本科生和研究生参与了每次的科研活动，发表了自己的一些见解，对本书的修改和定稿发挥了作用，在此表示感谢。本书的撰写参考了大量的图书和中外学术论文，感谢这些作者的辛勤付出和引导，他们给了我很多灵感。我将这本书视为贸易经济专业人才培养的一次探索。硕士生的培养时间只有三年，而三年中最后一年写论文、实习与就业占了很多时间，而两年的学习时间，一个完整的研究很难完成，所以我希望能有更多的时间来培养他们，从本科生中寻找具有科研潜力的学生，让他们进入我的小团队，定期参与科研活动，通过学校和重庆市，甚至全国的学术活动，引导他们开展科研活动，以科研促培养。向能、邱韵桦和罗越月是第一批从本科生到研究生贯通培养的学生，这本专著伴随着他们的成长，意义深远！希望在未来能有更多的学生接受更加系统的科研训练，更好地促进贸易经济专业的建设。因此，我肩上的担子更重了，同时也希望未来能有更好的作品来见证我们师生的共同成长！

杨海丽

2022 年 1 月于重庆工商大学

后记二

历经五个寒暑春秋，本书终于定稿。从大二到研二，本书见证了我在学术科研领域的成长。回首过往，既有整理繁杂数据资料时的枯燥，也有初次面对计量模型时的迷茫，但更多的是收获科研果实的欣喜。一路走来，少了一些面对困难时"迷茫无措，畏缩不前"的彷徨，多了一份科研路上"逢山开路，遇水架桥"的从容。值此书稿完成之际，我只想对过去说一声，匆匆五年，人间值得。

2016年9月，贸易经济系主任杨海丽老师给我们上了一堂令人记忆犹新的"开学第一课"，饱含哲理，激情洋溢，懵懂如我，深受鼓舞，名师模样，莫不如此！于是，我内心深处萌生了跟着杨老师做科研的想法。大二时，杨老师给我们教授了零售学和商品学两门课程，台上生动活泼，台下收获满满，更加坚定了我跟随杨老师一起做科研的决心。伴随着科研项目的启动，我十分幸运地成为杨老师科研团队中的一员。

"九层之台，起于累土。"我犹记得刚加入杨老师的科研团队时，对商贸流通领域的知识不甚了解，杨老师便鼓励我沉下心来多阅读像《资本论》和《国富论》那样的经济学经典著作，积累经济学素养，培养经济学思维。我第一次翻开亚当·斯密的《国富论》时，面对枯燥专业的语言文字，心里不免打起了退堂鼓，但转念一想，如果学习经济学的学生，连《国富论》《资本论》这些经典著作都不曾读过，未免有些说不过去。

于是，我便开始了漫长而艰辛的阅读之旅，其间曾不止一次想要放弃，但一想到自己的专业和杨老师的要求，便又咬紧牙关，坚持了下来。除了阅读经济学经典著作之外，在大三上学期，杨老师开始培养我撰写文献综述的能力，而题目便是《关于商贸流通创新的研究现状和展望》，我开始真正接触到商贸流通领域。为了完成这个研究任务，我查阅了大量文献资料，试图对商贸流通创新领域的研究现状有一个较为全面的认识。当我信心满满地交上我的初稿时，得到的回复是"逻辑混乱，文献述而不综"。杨老师约我在七教的教室休息室手把手地教我如何修改。那天，杨老师逐字逐句地给我分析问题，同时给我看了一篇发表在高水平期刊上的文献综述，我感受到了做科研需要的严谨，也感受到了写文献综述的艰难。那种艰难让我望而却步，但杨老师鼓励的眼神激励我不能放弃。我按照杨老师的要求一遍又一遍地修改，直到第七稿完成的时候，杨老师才较为满意。

之后，我又在此基础上，学习 CiteSpace 软件对相关领域进行文献计量分析，有了前期文献综述的严格训练，在文献计量阶段便没有走那么多弯路。到大三上学期结束之后，我便能独立完成一篇文献综述和进行文献计量分析了。再加上阅读了不少经济学经典著作，此时的我已经有了一定的经济学素养和研究基础。也正是从那个时候开始，我下定决心继续考取杨老师的研究生，并在备考之余时常帮助杨老师整理科研材料、与杨老师探讨科研问题，每次探讨都能给我启迪。

有了一定的理论功底和写作基础之后，为了更加深入了解数字化对商贸流通业高质量发展的内在机理，认真总结改革开放以来我国商贸流通业发展的成功经验，找准制约商贸流通业高质量发展的主要痛点和现实障碍，精准提出策略设想和解决之道，杨老师依托课题，开始了数字技术对商贸流通业高质量发展影响的研究，大三的我进入了该研究小组，主要负责整理资料和搜集数据。前期的研究大部分时间都是阅读文献，中文文献读起来都难以理解，读外文文献更是如读"天书"。我们每周都会开一次科研工作会，每个同学都要发表自己的观点。2019年，我一边准备考研，一边开始撰写文献综述，继续搜集和整理数据。虽然每天都很累，但是我每天都有进步。

时间就这样一天一天过去了，终于考上了研究生，我便继续全心全意投入科研之中。在这个过程中，我像一个蹒跚学步的孩子，一次次跌倒，一次次站起来，一次比一次走得稳健，周而复始，终于可以独立走路了。

我完成了一部分文献综述和文献计量分析，熟练使用各种软件整理数据，经过杨老师多次指导和修改，一部分一部分地定稿，我的科研能力也一点一点地提高，那种知识上的获得感让我有了克服困难的能力和勇气。每一句话、每一个理论、每一个标点符号、每一个数据，都是反复推敲、反复论证的。就这样我终于等到了全部内容的完成，看到最终成果，我内心颇受震撼，三年的努力和团队协作没有被辜负。

参与本书写作的过程是我成长最快的一个时期，除了杨老师的悉心指导外，我也得到了其他老师和同门的倾心帮助。值此书稿完成之际，我也要感谢王辉老师在文献综述、软件使用、计量模型和论文修改等方面的悉心指导。王老师对待科研严谨求实、尽善尽美，提出了很多富有建设性的建议，完善了我参与部分的内容，提高了我的科研能力。我还要感谢郭昊师兄、肖万根师兄和杨森同学，无论是在论文写作，还是在学习生活中，他们都给予了我很大的帮助。大家为了共同的研究任务，在办公室里一次次激烈地讨论，不仅扫清了彼此心中的困惑，也结下了深厚的情谊。感谢邱韵桦和罗越月两位师妹在完成自身科研任务的同时做了大量数据查找和文献梳理的工作，两位师妹从大学同专业到研究生同门，作为研一新生，已经展现出优秀的科研素质，未来的科研能力不可限量！最后要感谢我的亲人和好友，是你们在我遇到困难时给予了我安慰和鼓励，激励我在科研的道路上不断进步。

　　本书的完成既是终点，也是起点。再出发的号角已经吹响，我将初心不改，笃行致远，跟随杨老师和王老师继续在追求真理的大海上扬帆前行！

向能

2021 年 12 月 16 日于重庆工商大学图书馆

后记三

依稀记得告别故土背起行囊，依稀记得初入重庆工商大学满怀向往，匆匆五年，又是银杏黄，我从一个懵懵懂懂的少年变成了一个科研路上的新兵。在本硕期间加入杨海丽老师的商贸流通业数字化课题研究小组，在杨老师的指导下与同门兄弟姐妹相互学习进步是我成长路上浓墨重彩的一笔。

第一次见到杨海丽老师是在本科的新生见面大会上，她作为贸易经济系主任，苦口婆心地给我们讲了目标选择、职业生涯规划等有价值的话题，让我们从心理上逐渐接受从学生到"半社会人"状态的转变，锻炼我们独立思考的能力，对自己人生道路的选择负责。当时，杨老师的智慧与干练给我留下了深刻的印象。大二学年，杨老师给我们上过两门专业课——零售学和商品学，我被她独到的见解与浓厚的学术气息感染。同年，同学罗越月因一次零售流通主题的读书会与杨老师开始了学术上的交流，并加入课题研究小组。在与罗越月的日常交流中，我对商贸流通业产生了极大的兴趣，特别是数字化发展主题更是当今的热点话题，数字中国建设是一个时代的变革，与未来生活息息相关。因此，我立志要加入课题研究小组参与工作和学习，并有幸得到了杨老师的赏识，最终如愿以偿。

惊风飘白日，光景驰西流。商贸流通业数字化课题研究小组即将迈入第五个年头，而我也在这里度过了近三年痛并快乐的时光，每当研究遇到瓶颈时是痛苦的、迷茫的，但我们始终相信路的尽头就是光，通过翻阅大量的资料寻找最优解决方案；每当问题迎刃而解或有新的点子迸发出来时，快乐与幸福难以言表，浓云密布的阴天似乎也变得阳光明媚起来。我加入课题研究小组时，正值大二下学期的尾声，虽然我已经在大学课堂上学习了两年的专业知识，但离正式参与课题研究工作的要求还有差距。在杨老师的推荐下，我阅读了《国富论》《资本论》《竞争优势》《激荡三十年：中国企业》《中国城市批判》等多本书籍以及上百篇文献，以期能尽快跟上研究进度并为自己后续的研究打下基础。为了更好地研究商贸流通业数字化及高质量发展的理论机制与逻辑，经过多次商讨之后，由我负责"数字技术驱动商贸流通业高质量发展的动力机制与实现路径研究"部分。在前期，我们反复推敲研究指标与模型构建，查阅了大量的时事新闻与最新文献，力争指标体系符合数字技术与商贸流通业的最新衡量标准，采用相关模型更充分研究有关机理，能够对未来该领域的研究提供更多的参考价值。数据的查找与运算之路道阻且长，点滴进展都是艰难的，每一次推翻重来都在不断挑战我的耐心与极限，我曾多次处于崩溃的边缘，但每一次磨炼都重新激发起我的斗志，每一次伤心过后总是会看到曙光。当最后看到数据在各个模型中都呈现相对完美的分析结果时，我们欢呼雀跃。然而，这只是成功路上的第一步。在参与专著撰写的过程中，我领悟到专业素养的提高需要长时间的磨炼，每一次针对某个问题的探讨，老师和师兄独到的见解都让我明白学无止境……因此，我在大三那年决定考取经济学硕士，向前辈们看齐。

几年间，满院飘香的桂花树是我们的见证，它们聆听过我们的争论，抚慰着我们的身心，我们要像它们一样坚定不移、吐故纳新；高端大气的新图书馆是我们的见证，它承载着我们的挫折，包容着我们的失败，托起了我们的成长。站在桂花飘香的图书馆前，我坚定了在本校读研的想法，要跟着老师和同门的兄弟姐妹们一起做科研，不忘初心，有始有终。

我是值得的！在这段日子里，我学会了空间计量、耦合机制、中介效应、调节效应等多种研究方法，理论知识也得到了丰富。我是幸福的！当读者看到这本专著时，我已不再是当初那个懵懂无知的少年，而是一名目光坚定、心怀希冀的产业经济学硕士研究生。在完成研究课题的过程中，我实现了身份上的转变，更实现了心理上的蜕变，我能够更加理性、冷静地处理问题，更加勇敢地面对挑战，更加乐观地面对失败，这种成就感与幸福感是我一生都无法忘怀的。

研究生阶段的日子才刚迈入正轨，这部专著只是我学术生涯的起点，是我上下求索的开端。数字技术给世界经济带来了新一轮的变革，深化供给侧结构性改革，优化社会资源配置，提升信息流通的效率，发展数字经济是我国经济高质量发展的重要抓手，是新发展理念的集中体现，数字化转型是商贸流通业实现高质量发展的必然选择。对商贸流通业数字化发展的研究远不止本书中的内容，随着数字技术的升级，商贸流通业作为生产与消费的桥梁会有更多的热点值得我们研究。在未来几年里，我将保持阅读的习惯与活跃的思维，勇于创新，勤学苦练，完善自身的专业知识体系，夯实专业理论基础，让自己能拥有更大的能力从而能够更深层次地挖掘数字技术驱动商贸流通业高质量发展的内在机理，为我国新时代商贸流通业发展贡献一份绵薄之力。

在这里，我想要感谢很多给过我帮助的人。我要感谢杨海丽老师的赏识与提携，她给予了我许多专业知识与技能方面的帮助，从最初的专业基础知识、文献梳理到后续的论文写作等，杨老师孜孜不倦地指导我，关注着我学业上的每一点成长，督促着我不断进步。因此，我在研究生阶段也义无反顾地跟随杨老师的脚步，也正是因为这样，我认识了更多志同道合的朋友。我要感谢王辉老师无论多晚都能帮我解决在模型运行上遇到的困惑；感谢向能师兄的倾囊相助，每当我遇到难题时，他总是不厌其烦地为我提供帮助，让我深刻体会到了师门中学术传承的意义；感谢肖万根师兄、郭昊师兄和杨森师兄，无论是在学术研究中，还是在研究生的学习生活中，他们都给予了我莫大的帮助；感谢我的同门罗越月，她陪伴着我共同完成了本科生到研究生身份与心智的蜕变；感谢我的父母与朋友始终鼓励着我，缓解我在困境时的苦闷，让我能够更纯粹地享受学术研究的快乐。

爱因斯坦曾说："并不是每一件算出来的事，都有意义；也不是每一件有意义的事，都能够被算出来。"我想这是说人生拥有无限可能，我希望自己能在未来的学术生涯中始终坚守初心，实现自我价值，让自己充满无限可能。

邱韵桦

2021 年 12 月 11 日于重庆工商大学图书馆

后记四

时光荏苒，转眼数年，值此专著付梓之际，我的心情久久不能平复，有获得成长时的喜悦，有反复修改时的辛苦，再度回首自己的写作历程，心头别有一番滋味。

"怀疑而后能学问，审辩而后能解惑。"大学刚入学接触到零售及商贸流通的专业知识时，我就对其产生了极大的兴趣，但当时我刚从高中进入大学，知识的匮乏常常使我缺少学习的动力。我是在大一入学教育的第一堂课上第一次见到了我的恩师杨海丽老师。杨老师的演讲使我印象深刻。后来我加入了贸易经济系里组织的零售学术研讨会，得到了杨老师的悉心指导。杨老师谦虚谨慎的学者风度、渊博的理论知识、严谨的治学态度与忘我的工作作风对我产生了深刻的影响。因此，大二以后，我开始沉下心来认真做研究，并加入了杨老师的科研团队，由此也正式开始接触科研。从拟定选题到最后完稿耗时将近五年，这是我第一次进行如此专业的调研、数据整理、数据运算以及其中某些部分的初稿撰写，其间不断从疑惑到解惑使我收获良多。也正是因为参与专著的撰写以及对杨老师的研究领域非常感兴趣，我坚定了考取本校研究生的决心，继续跟着杨老师做科研。

我最初负责收集文献、梳理文献，尝试写文献综述。由于我是第一次接触到如此专业的任务，尽管团队专门开展了几次文献阅读与写作的研讨会，我也专门去学习了各种知识，但第一次交上去的成果仍然非常粗糙。杨老师要求严格，那篇很短的文献综述，我记得总共修改了20次。第一次，杨老师当面一句一句地教我如何认识文献综述。经过反复理解理论的价值、反复斟酌作者的观点，慢慢地，我开始感受到了文献综述的重要性，也学会了如何撰写文献综述。这段经历为我做科研打下了基础。后来，我花时间在中国知网以及其他数据库中下载了3 000余篇商贸流通与数字技术的相关文献进行精细阅读，并认真学习了各种数据处理软件的应用以及专业术语的表达，从大二到研一坚持每年阅读十本研究领域内的经典图书，每天读文献，并做好文献记录。这些学习经历不仅为我参与课题研究、完成专著写作打下了基础，更是为我将来做科研奠定了坚实的基础。

后来我参与了专著中省级商贸流通业空间效应部分的初稿撰写，其间我参与了数据整理、文献收集以及该部分的修改讨论，冬去春来，几度春秋，付出了太多的心血，经过反复修改之后，这部分内容才算整体完成。对我而言，参与专著的写作是一次艰难的跋涉，我从恐惧、担心到慢慢进入状态，找到自己的位置；从一无所知，到慢慢能做一些事情，再到能写出一些有价值的文字；从不知道如何搜集数据，到能看懂各种数据库，并从中筛选对研究有用的数据；从不知道什么是指标，到能够自己建立指标体系……其间经历了很多次的挫折、失落，曾经有很多次想退出，但是一次又一次地坚持了下来。刚开始，我常常在一小节文字上面都要反复修改好几遍，因为了解得越多，越恐无知，越会发现一个现象及运转机制的复杂性，越不敢下断言。深入参与专著的撰写过程也是我认识自我的过程。我认识到自己的不足，深挖自己可以努力钻研和发展的方向。理想固然很美好，如果在追逐的路途中，不经历些许枯燥和艰难的旅途，怎能成功抵达属于自己的远方。

深度参与撰写这本专著的三年中，不管是在学术研究方面，还是在生活方面，杨老师一直倡导"以求实严谨的态度研究经济学"。杨老师平时工作十分繁忙，但仍然会准时出现在办公室为我们解答各种疑惑。杨老师自始至终对我的数据的分析整理和初稿的撰写过程密切关注，没有杨老师的悉心指导，我想我很难取得现在的成绩。杨老师亦师亦友，将我带入了经济学的世界中，让我明白了经济学的深邃和严谨、浪漫和美妙。如果没有杨老师，我或许只是认真学习，而不能像现在一样尝试建立起自己的学术观。

除了教导和提供帮助的老师们以外，从大二开始，师兄何能、同门邱韵桦也同样给了我许多帮助，我们相互督促、相互交流、相互学习，结下了深厚的同门友谊。人生同窗能几载，你我的相逢让我在偌大的城市与学校里有了一份团体归属感。这种师生情谊与同门友谊我将深藏心底。这本专著的顺利完成也离不开我的课程教学老师、同学以及朋友们的关心和帮助，在此感谢重庆工商大学经济学院以及长江上游经济研究中心许多帮助过我的老师，他们不染俗流的风骨和严谨治学的态度深深地影响着我。我深深地感谢在我学习和生活中帮助过我的每一个人，谢谢你们一直都在，让我感受到了百般温暖。

行文至此，眺望窗前，龙脊山上光影错落，似乎在召唤着我整装待发，重新上路。参与完成这本专著的终点也是我开启新征程的起点。路漫漫其修远兮，吾将上下而求索。学无止境，即使前方栉风沐雨，我也将满怀信心，砥砺前行，不懈努力，只为追寻心中的结果。今日将此记录于本书后记之中，提醒自己，无论所行多远，可常以此检视与内省。

罗越月

2021 年 12 月 14 日于重庆工商大学图书馆